섬기는 지도자

Paula Cedar

Strength
In
Servant
Leadership

섬기는 지도자

폴 **시다** 지음

김 **성웅** 옮김

예수의 리더쉽은 섬김의 리더쉽이었다

신교횃불

"

우리 주

예수 그리스도의

본을 따라 '섬기는 지도자'로서의

삶을 살기를 원하시는

＿＿＿＿＿＿＿＿님께

이 책을 드립니다.

"

차례

저자 소개   6

추천의 글   8

서문   11

제1장 누구에게 필요한가?   13

제2장 어디서 시작해야 하는가?   33

제3장 사랑이 핵심   57

제4장 성경적인 모델   81

제5장 이상적인 모델   101

제6장 현실적인 모델   123

제7장 목자처럼 인도한다   141

제8장 악한 지도자에 대한 경고   161

제9장 지도자와 추종자   183

제10장 해야 할 일과 하지 말아야 할 일 몇 가지   205

제11장 마무리하며   227

미주   240

참고문헌   242

추천의 글

나의 친애하는 친구이며 유능한 목회자인 폴 시다(Paul Ceadar) 박사는 성경의 개념들을 효율적으로 가르치는 교사일 뿐 아니라, 그것들을 교인들과 사역을 통해 만나는 사람들 앞에서 일관적으로 보여드리는 분이다.

《섬기는 지도자》(Servant Leadership)는 다분히 마크 트웨인(Mark Twain. 미국 작가, 1835~1910)의 작품에 나오는 일기(weather)처럼 최근에서야 유행하는 주제이다. 우리는 일기 얘기는 많이 하지만, 일기에 대해 별로 손을 쓰지는 않는다. 그러나 폴 시다 박사는 우리 주 예수 그리스도가 보이신 완벽한 모범을 따라 섬기는 지도자상이라는 기본적이고 영적인 원리에 초점을 두는 예리함을 보여주었고, 이 개념이 성경적으로, 또한 효과적으로 봉사하고자 하는 평신도들뿐 아니라, '전문적인' 목회자들 모두에게 얼마나 소중한 것인지를 일깨워 주고 있다.

우리는 철저하게 준비되었고 큰 흥미를 불러일으키는 이 책의 내용을 통하여 기도의 제목과 아울러 유익하고 크게 도움을 주는 교훈들을 발견하게 될 것은 물론이거니와, 경고와 훈계에 필요한 말들에도 접하게 될 것이다. 그의 말은 기독교 공동체에서 책임감이란 미덕이 크게 부족하다고 느껴질 때, 사람들의 귀에 반드시 들려져서 새롭게 결단하게 만드는 메시지이다.

시다 박사는 진정 우리 주님을 영화롭게 하는 효율적인 지도자가 반드시 갖추어야 할 역할과 관련하여 '우리를 일깨우는' 독특하고 재치 넘치는 능력을 갖춘 분이다. 여기에 우리가 사랑하고 섬기는 분에게 최고의 영광과 영예를 돌리려는 우리 모두에게 적합하기 그지없는 말들이 준비되어 있다. 우리 역시 박사가 강조하는 예들과 개인적인 경험들에 쉽게 공감하고 수긍할 수 있을 것이다.

그리고 이 책이 지닌 장점 중의 하나는 다양한 지도자 유형들을 모두 충족하고 연결해 주는 현실적이고 뛰어난 응용력을 말하지 않을 수 없다. 솔직하게 말해서, 이처럼 사려 깊은 사고와 성경적으로 다룬 내용을 읽음으로 도전받거나 도움받지 않을 사람은 없을 것이다. 이 책의 내용은 저자의 치열한 경험을 통해 입증되었다. 다시 한번 나는 폴 시다 박사가 그의 생활, 경험, 그리고 목사로서의 삶에서 이 원리를 이행하며 산 증인임을 자신 있게 말할 수 있다.

마지막으로 하나님께서 우리가 '종의 심정'을 갖도록 하여 주시기를 소원한다. 하나님의 은혜로 이 책을 읽는 모든 이들에게 신령한 복이 있기를 소망한다.

테드 엥스트롬(Ted W. Engstrom)

선명회(World Vision) 총재

서문

이 책은 필자 자신의 수년간의 사역과 연구의 결과물이다. 필자는 이상적인 섬기는 지도자는 아니지만, 그렇게 되는 과정에 있고, 또 지금까지 사역하는 가운데 하나님께서 나에게 허락하신 많은 깨달음을 나눌 때가 되었다고 믿는다. 필자는 섬기는 지도자의 원리들을 이 책에서 요약하면서, 나 자신이 같은 원리들을 나의 삶에 조금 더 효율적으로 적용하는 데 민감하게 되기를 기도한다. 필자는 그리스도와 그의 교회를 위해 신실한 섬기는 지도자가 되기를 참마음으로 진지하게 갈망하고 있다.

게다가 필자는 아무쪼록 이러한 원리들과 깨달음들이 이 책을 읽는 많은 이를 고무시켜서 더 성숙한 섬기는 지도자가 되기를 갈망한다. 한편 필자는 다른 저자들이 자극을 받아 '섬기는 지도자'에 관한 책을 더 많이 내게 될 것이라 믿으며, 이로써 우리 모두가 주님이신 예수님을 따르기로 굳게 결심하고,

또 우리 스스로가 섬기는 지도자가 되도록 결단하게 될 것이라 믿는 바이다.

　필자는 사랑의 수고를 아끼지 않은 형제자매들에게 감사의 마음을 전하고자 한다. 그들의 이름이 이 책에서 실리기도 하겠지만 그렇지 않은 경우도 많이 있을 것이다. 특별히 이 책의 편집인으로서 플로이드 대처(Floyd Thatcher)가 보여 준 그리스도의 종으로서의 모범에 깊이 감사한다. 비서인 매리온 매튜우(Marion Matweyiw), 행정 간사인 마크 시다(Mark Ceadar), 사랑하는 아내 제니(Jeannie), 칼 트래시(Carl Tracie) 박사와 그밖에 이 책의 출간을 위해 수고한 많은 분께 감사한다. 그러나 누구보다도 필자는 우리 주님의 사랑과 은혜, 그리고 동기부여를 고백하지 않을 수 없다. 그분의 착한 종이 되어 그의 뜻을 다 행하는 것이 필자의 가장 큰 소원이다!

제1장

섬기는 지도자
누구에게 필요한가?

우리의 달란트, 인격과 재능이 다르지만,

성경은 우리에게 그리스도인이라면

한 가지 공통된 지도자상(leadership style)을

가지고 있어야 한다고 가르친다.

이러한 지도자상은 교회의 주인이신 주님께서

친히 우리에게 보여주신 것이다.

그분은 이러한 상을 우리에게 모범으로 보여주셨고

우리에게 이와 같이 하라고 명령하셨다.

그것은 '섬기는 지도자'이다.

해리 글래스턴(Harry Gladstone)은 큰 도회지 교회의 담임목사이다. 그는 수년 동안 활기찬 목회 활동으로 전국에 이름을 떨친 인물이다. 그러나 해리 목사는 지난 12년 동안 교육 목사로 섬기고 난 후에야 지금의 직분을 맡을 수 있었다.

해리의 전임 목회자는 앨빈 스픽스(Alvin Speakes) 박사로서 열정적이고 재능이 출중하신 분이었다. 교회 담임목사로 23년을 섬겼다. 그분은 많은 사람으로부터 변함없고 많은 존경을 받았다. 그 당시 모두가 그랬던 것처럼 그분도 모든 권한을 거의 도맡아 행하는, 그야말로 은혜로운 독재자였다. '초대형 교회'를 강력한 지도력으로 이끌어가는 '초대형 목사'라는 별칭이 딱 알맞은 목회자였다.

어떤 면에서 해리 목사는 적임자가 없어서 담임목사가 된 것이나 다름없었다. 전임인 스픽스 목사가 심장마비로 갑자기 돌아가게 되자, 모든 교인은 망연자실하였다. 그런 와중에서도 목사청빙위원회가 급히 결성되어, 담임목사를 물색하는 작업을 추진하게 되었다. 동시에 위원들은 해리 목사에게 임시 당회장으로서 그 교회를 잠시 섬겨 달라고 요청했다. 해리 목사는 아주 충직했고, 교인들이 그를 매우 존경했기 때문이다.

수개월에 걸쳐 '적임자'를 찾았지만 목사청빙위원회는 매우 난감한 지경에 빠지게 되었다. 몇몇 추천자를 놓고 위원회가 합의를 이루어내지 못했기 때문이다. 마침내 한 위원이 이렇게 제안했다. "해리 목사님이 어떨까요? 그분은 임시 당회장으로서 그 임무를 아주 잘 수행하고 계십니다. 교인들도 그분을 존경하고요. 그분에게 담임목사직을 맡아 주십사 부탁하지 못할 이유가 없지 않습니까?"

교인들은 너나 할 것 없이 이 제안을 환영했다. 그래서 정식으로 해리 목사에게 담임목사직을 요청하게 되었다. 이 요청을 받은 해리 목사와 마르타 사모는 얼마 동안 기도와 심사숙고를 해보고 나서, 그 제안을 받아들이는 것이 주님의 뜻임을 깨닫게 되었다. 목사 내외는 전임 스픽스 목사의 뒤를 잇기 위해 얼마나 큰 일을 감당해야 하는지 잘 알고 있었다. 해리 목사는 모든 힘을 다해 훌륭한 후임자가 될 것을 결심했고, 마르타 사모도 가능한 한 모든 방법으로 해리 목사를 돕기로 다짐하였다.

하지만 몇 개월이 지나지 않아 모든 것이 삐거덕거리기 시작했다. 지난 23년간 권위적인 스타일의 지도자에게 익숙해진 교인들은 해리 목사와 같이 민주적인 스타일의 목사를 좋아하지 않았던 것이다. 그래서 교회 내부의 알력이 생기고, 목회자뿐 아니라 평신도 지도자들 사이에서도 힘겨루기 한판이 벌어지게 되었다. 오랫동안 말 한마디 제대로 하지 못하고 지냈던 사람들이 무례하게 목소리를 높이기 시작했다. 교회는 서서히 여러 분야에서 무너지고 있었지만, 이를 해결해야 할 해리 목사는 속수무책인 것처럼 보였다. 불화의 먹구름이 온 교회를 뒤덮게 되었다. 무엇인가 안타까운 분위기가 조성되었다. 해리 목사는 이와 같은 분위기에서는 성령님께서 역사하실 수 없음을 깨달았다.

이제 무엇을 해야 하는가? "전임 목사처럼 '은혜로운 독재자' 노릇을 해야 하는가? 아니면 실패했음을 인정하고 조용히 사임해야 하는가?" 이것은 해리 목사가 반드시 선택해야 할 매우 중요한 질문이었다.

좌절감에 빠진 해리 목사는 일주일의 휴가를 떠났다. 다른 사람들에게 방해받지 않고 기도와 성경에서 나름의 해답을 찾기 위함이었다. 그는 주님의 음성조차 듣지 못하도록 숨통을 조여오는 혹독한 긴장감에 하루하루를 보내야만 했다. 그러나 성령님의 도우심으로 시간이 흘러감에 따라 번잡스러운 그의 마음에 아름다운 충격이라고 할 정도의 고요한 평화가 깃들기 시작했다. 주님께서 눈을 열어 성경을 새롭게 보도록 하신 것 같다. 그때 해리 목사는 자신의 삶뿐 아니라 시무하는 교회의 앞날과 사역을 완전히 변화시킬 수 있는 무엇인가를 발견했다. 거기서 해리 목사는 난생처음 '섬기는 지도자'를 보여주는 성경적 모델을 발견한 것이었다.

일과 섬기는 지도자

해리 목사가 그 엄청난 사실을 발견했을 때, 그 교인 중의 한 사람도 일생일대의 큰 위기에 직면하고 있었다. 존 스틸맨(John Steelman)은 탄탄한 대기업에 근무하는 전도유망한 간부였다. 그는 33살의 나이로 회사의 중요한 간부직에 오르기까지 앞만 보고 달려왔다. 그러나 그의 화려한 성공에도 불구하고 그에게는 한 가지 문제가 있었다. 동료들, 특히 부하 직원들과의 관계가 걸림돌이었다.

존 스틸맨은 예리하고 과단성 있는 간부였다. 그는 목표를 설정하면 치밀하고 끈기 있게, 아니 보통은 약간 과도하다 싶을 정도로 일정을 앞당겨서 성취하는 사람이었다. 그리고 사람들을 잘 부려서 그 목표를 달성하게 하는 데 일가견이 있는 사람이기도 했다. 문제는 여기 있었다. 그의 부하 직원들은 그러한 그의 작업 스타일을 마음에 들어 하지 않았다. 그들은 스틸맨이 아무리 '종교적인' 사람으로 자처하고 나서도, 그가 사람을 조종하는 인물이고 사람을 생각하지 않는다고 불평했다. 부하 직원들의 말에 따르면, 그는 목표와 사업 계획만 생각하는 사람에 불과했다.

하루는 그 회사 사장이 그를 사장실로 불렀다. 사장의 말은 다정다감했으나 그를 질책하는 내용을 담고 있었다. 사장은 존이 장차 회사 중역이 될 만한 자질을 갖추고 있음을 확신했으나, 사람들과 잘 지내며 일을 추진해가는 법을 먼저 배워야 한다고 생각했다. 동시에 동료들의 달란트와 재능을 발전시켜 줄 수 있는 지도자가 되도록 노력해야 한다고 권면했다. 동료들이 그에게 이용당하거나 착취받고 있다고 생각한다면 안 될 일이었다.

그날 밤 풀이 죽은 존 스틸맨은 아내 샐리(Sally)와 이 문제에 대해서 의견을 나누었다. 이야기를 풀어가면서, 그는 자신이 회사 간부로서 자질이 부족할 뿐 아니라, 기독교인 지도자로서도 부족함을 서서히 자각하기 시작했다. 친구들과 가족에게는 그가 자상하고 다정다감한 사람으로 통했으나, 직장에서는 오직 일과 성취밖에 모르는 냉혹한 간부로 처신했던 것이다. 존과 아내 샐리는 그리스도께 온전히 헌신하는 삶을 살면서도, 유능한 간부가 될 수 있는 길이 무엇인가를 놓고 고민하기 시작했다. 이윽고 그들은 자신의 문제는 매일 매일의 생활에서 '섬기는 지도자'의 성경적 원리를 실천적으로 적용하는 수밖에 다른 길이 없음을 깨닫게 되었다.

가정과 섬기는 지도자

매리 앨버레즈(Mary Alvarez) 부인은 해리 목사가 시무하는 교회의 교인이다. 세 명의 십대 자녀를 거느린 홀어머니이다. 남편은 세 아이를 양육해야 하는 무거운 짐을 그녀에게 맡긴 채 세상을 떠났다. 매리 부인은 한때 하나님을 원망하면서 '왜 하나님이 나에게 이같이 하셨는가?' 마음속으로 불평하기도 했다. 하나님은 왜 연약한 그녀의 어깨 위에 어머니뿐 아니라 아버지 노릇까지 해야 하는 무거운 짐을 지우신 것일까? 그녀가 하나님을 가장 필요로 하는 순간 그분은 어디에 계셨을까?

매리 부인은 비통함과 분노에 싸여 몇 개월을 보낸 끝에 정서적으로나 영적으로 치유되는 놀라운 경험을 하게 되었다. 그녀가 성경을 공부하고 기도하면서 주님을 찾고, 그녀의 감정을 친한 친구에게 털어놓고, 또 목사님과 상담하는 가운데 이러한 해결책을 발견하게 되었다. 그녀는 이러한 경험을 통해서 '섬기는 지도자'에 관한 어떤 깨달음들을 잡기 시작했다. 섬기는 지도자의 역할이야말로 어머니로서뿐 아니라 가장으로서 해야 하는 그녀에게 가장 알맞은 모델이었다.

그렇다고 해서 매리 부인이 좌절감이나 외로움, 그리고 슬픔을 겪지 않았다는 말은 아니다. 하지만 대부분의 시간 매리 부인과 세 자녀는 그녀의 놀라운 발견 덕분에 함께 기쁨의 삶을 누리게 되었다!

모든 사람이 생각해야 할 섬기는 지도자

해리 목사, 존 스틸맨, 그리고 매리 부인은 다른 사람, 다른 필요를 느끼는, 다른 상황에 처한 사람들을 대표하는 모델 케이스라고 해도 좋을 것이다. 그러나 그들 모두는 어떤 공통된 필요를 경험했다. 즉 그들이 처한 구체적인 상황에 맞는 기독교적 리더십을 필요로 했던 것이다!

오늘날 우리는 '교회 지도자'라고 하면 으레 목회자, 당회원, 혹은 주일학교 교사를 꼽는다. 그리고 사실이 그렇다. 교회에서 이러한 직분에 있는 사람들이 거의 중요한 지도자 역할을 하는 것 역시 사실이다. 그러나 조금 더 실제적으로 말하자면, 그리스도인인 우리 모두는 교회에서, 가정이라는 울타리 안에서, 직장에서, 아니면 사회나 공공 봉사라는 영역에서 이런저런 형태로 지도자의 역할을 하고 있다. 예를 들어 주일학교 5학년 학생을 가르치는 교사도 목회자, 회사 간부, 주님을 믿는 가정의 가장, 유년 농구팀의 코치에게 필요한 것과 똑같은 성경적 지도자상이 필요하다. 하나님께서 우리에게 삶의 모든 상황에서 유능한 지도자가 되도록 지침을 주셨다는 것은 실로 복된 소식이 아닐 수 없다!

필자는 앞에서 이러한 지도자상을 '섬기는 지도자'라고 언급한 바 있다. 예수 그리스도는 이러한 지도자상을 몸소 가르쳐 주고 보여주셨다. 그분은 과거에도, 또 지금도 으뜸이 되는 섬기는 지도자이시다. 우리 한 사람 한 사람이 삶의 모든 부분에서 열매 맺는 그리스도인이 되려고 애쓴다면, 우리에게는 그분이 보여주신 섬기는 지도자상이 필요하다. 우리는 예수님이 하신 그대로 사람들을 이끌어야 한다. 그분은 독특하고 놀라운 지도자상을 보여주셨다. 그 지도자상은 얼마나 독특하고 놀라운지 지도자나 추종자 모두에게 덕이 되고 유익이 되는 것이다. 우리는 섬기는 지도자가 되라는 우리 주님의 명령을 전심전력으로 받들어야만 한다!

오늘날 교회는 이러한 지도자의 출현을 고대하고 있고, 우리 사회 여러 부분에서도 역시 이러한 필요가 커지고 있다. 사실 섬기는 지도자상은 먼저 재계(財界)가 나서서 그 효능을 인정해 주고 있다.

예를 들어 로버트 그린리프(Robert Greenleaf)의 저서로 베스트셀러가 된《섬기는 지도자》는 정말이지 큰 반향을 불러일으켰다. 그는 이 책을 가리켜 "누구나 수긍할 수 있는 권력과 위대함의 본질에 관한 탐구"라고 불렀다. 그리고 이어 말하기를 "위대한 지도자는 처음에는 종으로 보이는데, 바로 이 점이 그의 위대함의 열쇠다."라고 했다.[1]

많은 사업가와 기업가들은 주로 실용적인 이유로 '섬기는 지도자'를 강력하게 선호한다. 단지 그런 지도자형이 회사에 유익을 가져다준다는 이유 때문이다! 그러나 우리가 섬기는 지도자가 되어야 하는 데에는 더 큰 이유가 있다. 우리 주님께서 자신의 왕국을 완성하는데 이러한 지도자상이 반드시 요청된다고 강조하셨기 때문이다. 복음서 기자는 예수님 자신이 우리에게 보여주신 모범을 통해 이 점을 부각하고 있다. "인자가 온 것은 섬김을 받으려 함이 아니라 도리어 섬기려 하고…"(마 20:28).

필자는 수년 전에 미국의 한 유명한 신학교의 객원교수가 되어 강의해 줄 것을 부탁받은 적이 있다. 필자가 그 학교에 도착했을 때, 그 학교의 실천신학 교수가 오랫동안 만나지 못했던 필자의 친구였음을 발견하고 반가움을 감출 수 없었다.

우리가 함께 교정을 거니는 동안, 그는 내게 아주 놀라운 말을 건넸다. 그의 입장에서는 아무런 격식이나 경계심 없이 한 말이었다. 간단히 말해서, 그는 이런 말을 했다. "폴, 자네도 알다시피 나는 우리가 학생들로 하여금 개교회의 목회자로서 실패하도록 가르치고 있다고 믿네. 그러면서도 우리는 그 사실을 알지 못하고 또 알려고 하지도 않지."

나는 가까스로 놀란 가슴을 진정시켰는데, 그는 말을 이어나갔다. "자네도 잘 알겠지만 우리는 세계적인 목회자가 사역하는 세계적인 대교회를 모델로 하고 있다네. 하지만 현실은, 우리 학생들이 200명 미만의 교인들을 상대로 목회를 해나가게 될 것이라는 점일세. 그들은 세계적인 목회자가 될 일도 없고, 세계적인 대교회를 섬길 일도 없는 사람들일세. 나는 그들이 평범한 교회를 섬기게 된 현실을 직시할 것이 두렵네. 그들은 세계적인 목회자에서 점점 멀어지는 자신의 모습을 볼 때마다 자괴감을 느낄 걸세. 그렇게 돼서는 안 되는데 말이야. 우리는 성공하는, 유능한 목회자 양성을 위해 다른 모델을 사용해야 하네."

나는 그날 그 친구의 말에 완전히 동의했다. 그리고 지금도 그의 입장에 공감한다. 성경 어디에도 우리의 지도자 됨이 크기에 의해 결정된다고 가르치는 곳은 한 군데도 없다. 교회, 사업, 가정이 규모가 크든 작든 간에 그것은 우선적으로 생각해야 할 바가 아니다. 중요한 것은 하나님께서 우리에게 위임하신 능력과 자원을 어떻게 극대화하느냐는 것이다. 예컨대, 주님은 특이한 재능이 있는 자들에게 특별한 상을 주시는 분이 아니다. 성경은 "많이 받은 자에게는 많이 찾는다"는 것을 가르치고 있다. 그리고 예수님은 달란트 비유에서, 우리가 단지 임의로 사용할 수 있는 재능과 자원에 대해서만 신실한 청지기가 되어야 함을 가르치셨다(마 25:14-30).

섬기는 지도자상은 실제적이다

섬기는 지도자에 관한 가르침은 매우 실제적이다. 다섯 아이를 거느린 부모도 한 아이만을 둔 부모와 마찬가지로 그 아이들 모두 효율적으로 보살펴야 한다. 수천 명의 종업원을 거느린 회사 사장은 소규모 자영업 하는 사람이 지고 있는 것과 똑같은 책임을 져야 한다. 그리고 5천 명 교인이 모이는 교회의 목회자는 100명의 교인이 모이는 교회의 목회자와 똑같이 양 떼를 사랑으로 돌보아야 한다.

동시에 우리는 다음과 같은 사실을 인식해야만 한다. 즉, 그리스도인 지도자들로서 우리는 어떤 한 유형으로 굳어져서는 안 된다는 것이다. 하나님께서는 우리에게 다양한 달란트, 재능 그리고 책임을 맡기셨고, 이것은 하나님의 창조성과 사랑을 드러내는 다양성이라고 보는 것이 옳을 것이다. 우리는 누가 누구를 '찍어 박듯이' 닮는 지도자가 되어서는 안 된다. 성경의 예를 통해 보더라도 이 점은 확실하다. 베드로는 사도 바울과 똑같은 방식으로 사람들을 주께 인도하지 않았고, 여호수아 역시 모세가 되려고 하지 않았다. 그렇지만 그들은 모두 섬기는 지도자들이었다.

달란트, 책임 그리고 은사는 다를지 모르지만, 그리스도인이라면 마땅히 추구해야 할 한 가지 지도자 '유형'이 있다. 그것은 교회의 주님께서 우리에게 보여주신 모델이다. 그분은 이 지도자상을 우리에게 본을 보여주셨고 이렇게 되라고 명령하셨다. 이것이 '섬기는 지도자'의 모델이다.

필자는 이미 이런 유형의 지도자가 된 것처럼 가장하지 않는다는 것을 이해해 주기 바란다. 독자 여러분과 마찬가지로 필자 역시 성장해 가는 과정에 있고, 어떻게 하면 그런 지도자가 될 수 있을까를 배우는 중이다. 아무쪼록 필자가 왜 '섬기는 지도자'가 그토록 중요한 것인가, 그리고 왜 나는 섬기는 지도자가 모든 상황에 적합한 지도자상이라고 믿게 되었는가를 독자 여러분에게 확신시켜 줄 수 있게 되기를 바랄 뿐이다.

필자는 수십 년 동안 목회해 오면서 감사하게도 다양한 규모와 사회적 배경을 지닌 교회들을 경험해 볼 수 있는 특권을 누렸다. 나는 장로교적 전통에서 자라났다. 아버지는 미네소타와 서부 다코다의 여러 교회에서 목사로 시무하셨다. 서부 다코다에서 대학을 다니던 때, 나는 2년에 걸쳐 작은 도시 교회에서 청년부 지도자와 찬양대 대장으로 섬기기도 했다. 4학년에 올라가면서 결혼한 필자는 3가정, 성도 7명이 전부인 아주 호젓한 시골 교회를 담임하기도 했다.

그 후 수년간 두 개의 큰 선교단체에서 사역했고, 그 뒤로는 두 곳의 개척교회 목사로 시무했다. 한 군데는 급속히 성장하는 시카고 주택지역이었고, 다른 한 군데는 남부 캘리포니아에서 한참 잘나간다는 오렌지 카운티(Orange County)였다. 이두 교회는 작은 규모로 출발했으나 놀라운 속도로 성장했다.

그러고 나서 어마어마하게 크지만 내부 결속력이 약한 한 교회에서 임시 당회장으로 섬겼다. 그 교회는 로스앤젤레스 시가지에서 불과 수십 킬로 떨어진 곳에 있었다. 그 후 5년 반 동안은 로이드 오길비(Lloyd Ogilvie) 박사와 함께 할리우드의 제일 장로교회를 섬겼다. 그곳에서는 전도와 행정을 책임지는 목사로서 사역했다. 이 글을 쓰고 있는 지금은, 캘리포니아 파사데나에 있는 레이크 애비뉴 회중교회(Lake Avenue Congregational Church)를 담임목회자로서 수년간 섬기는 기쁨을 누리고 있는 중이다. 어떤 사람은 필자가 섬기는 교회를 '초대형 교회'라고 부르기도 한다.

필자가 이렇게 지나온 행적을 누누이 열거한 이유는 한가지이다. 나는 약 2년 동안의 경험을 통하여(다양한 형태, 다양한 규모의 교회에서 사역한 경험을 포함하여) 언제 어디서나 동일하고 기본적인 지도자상이 요구됨을 파악했기 때문이다. 필자의 생각에는 모든 기독교 지도자, 부모, 훈련 감독들, 아니 조금이라도 지도자로서의 책임을 져야 할 직업에 관련된 그리스도인들이라면 한 가지의 필요를 느끼고 있는 것 같다. 그것은 '섬기는 지도자'가 되어야 한다는 것이다. 예수님이 섬기신 대로 섬기는 지도자들은 예수님이 이끄신 대로 따라야 할 지도자들이다! 나는 하나님이 우리 모두를 '섬기는 지도자'가 되라고 부르신다고 굳게 믿고 있다.

공부할 문제

1. 이 책을 읽기 시작할 때 당신은 섬기는 지도자에 관해 어느 정도의 이해를 갖고 있었는가? 섬기는 지도자를 어떻게 정의했는가?

2. 섬기는 지도자 직분이 당신에게 어떤 도움이 된다고 생각하는가?

3. 예수님은 어떻게 섬기는 지도자의 본이 되셨는가?

4. 섬기는 지도자가 됨에 있어서 당신에게 가장 큰 도전이라고 생각되는 것은 무엇인가?

제2장

섬기는 지도자
어디서 시작해야 하는가?

섬기는 지도자상은 어떤 경영자 모델처럼

'단숨에 배우거나' 완벽하게 몸에 익힐 수 있는

지도자 모델 그 이상이다.

섬기는 지도자는 마음에서 시작된다.

우리의 태도, 우리의 동기에서 말이다.

> "너희 안에 이 마음을 품으라 곧 그리스도 예수의 마음이
> 니 … 자기를 비워 종의 형체를 가지사…"(빌 2:5, 7)

해리 글래스턴 목사는 큰 교회 목사로서 지도력에 관한 문제로 도전을 받았다. 존 스틸맨은 젊은 간부로서 이상적인 지도자상을 발견하기 위해 힘썼다. 또 매리 앨버레즈 부인은 홀어머니로 세 아이를 바로 양육할 수 있을지를 배우느라 무진 애를 썼다. 그들은 '섬기는 지도자'가 그들의 당면한 문제를 푸는 핵심적인 요소임을 발견했다.

그들이 섬기는 지도자와 관련하여 발견한 바는 필자의 경험과도 일치한다. 필자는 수년 전 큰 교회의 목사로서 섬기면서, 하나님께서 나를 새로운 섬김의 장으로 인도하고 계심을 느낄 수 있었다. 필자의 아내 제니(Jeannie)와 나는 몹시 어려운 결정을 내려야만 했다. 우리와 교인들은 끈끈한 영적 사랑으로 묶여 있었다. 그들은 우리가 교회 사임하기를 원하지 않았고, 우리 역시 그렇게 되기를 바라지 않았다. 그러나 우리와 그들은 우리가 떠나는 것이 주님의 뜻임을 분명히 알게 되었고, 이에 우리는 어려운 결정을 내리기에 이르렀다. 교인들은 하나 되게 하시는 성령님으로 견고히 묶여 있었다. 하지만 결국 교인들은 평생 잊지 못할 기도와 나눔의 이임 예배를 함께 드리면

서, 우리를 새로운 임지로 떠나보냈다.

그러나 새로운 교회에 온 지 3개월 후 그 따뜻했던 경험에 관한 추억도 모조리 사라지고 말았다. 필자는 평생 가장 고통스러운 '쓰라린 경험'을 하게 되었다. 만사가 되는 일이 없었다. 목사로서 처음 좌절감과 실패의 감정을 느꼈다. 필자는 주님의 충실하고 순종하는 종이 되기 위해 그렇게 애썼는데, 그때마다 절망하게 하신다고 생각하고는 당혹하고 깊은 패배의식에 사로잡혔다.

필자는 더 이상 모든 사람이 따르기 원하는 젊고 총명한 기독교 지도자로서 '빛나는 갑옷을 입은 백의의 기사'가 아니었다. 도리어 어떤 사람들은 나의 지도력을 문제 삼았고, 나를 반대하는 사람도 있는 것처럼 느꼈다. 필자는 낙심천만해서 떠나온 교회의 사랑스러운 교인들의 위로와 평안함 속으로 다시 들어가고만 싶었다. 그러나 그렇게 할 수 없는 노릇이었다. 그 대신 조급하고 분노를 터뜨리는 사람으로 변해갔다. 마침내 지독한 절망감 속에서 하나님께서 나를 그 구렁텅이에서 구해주실 것을 간구했다.

자비의 하나님께서는 나를 건져 주셨다! 그분은 사랑스럽고 용서하시는 손길로 내게 다가오셨다. 그리고 나의 모습, 특히 내가 어떤 부류의 지도자인가를 새롭게 보여주셨다. 필자는 교회와 교인들을 얼마나 나의 힘으로, 또 나의 지혜로 이끌어가려고 했는가를 발견하기에 이르렀다. 나는 하나님께서 더 수준 높은 지도자의 길로 '나를 이끌어 올려 주심'을 느꼈다. 그리고 그분의 임재와 권능이 없이는 결코 이루어내지 못할 사역을 위해 나를 준비시켜 주심을 역시 느낄 수 있었다. 그리고 나의 눈을 열어서 인생의 모든 영역에서 '섬기는 지도자'가 되어야 함을 분명히 깨닫도록 하셨다.

그래서 필자는 중대한 질문들을 마주하기에 이르렀다. '어떻게 섬기는 지도자가 될 것인가? 어디서 시작할 것인가? 누가 우리를 가르치며 그 방법의 본을 보일 것인가? 내가 취해야 할 첫걸음은 무엇인가?'

예수님의 태도

필자는 위의 질문에 대한 답을 찾으면서, 왜 바울이 빌립보서 2장에서 말한 지도자상을 언급하지 않으면 안 되었는가를 되새겨 보게 되었다. 그는 거기서 우리의 태도에서 섬기는 지도자가 시작되어야 한다고 권면하고 있다. 만일 우리가 섬기는 지도자가 되려면, 우리는 예수 그리스도께서 본으로 보여 주신 섬기는 지도자의 태도를 가져야 할 것이다. 바울이 예수 그리스도의 태도를 언급한 것은 섬기는 지도자가 되고자 하는 우리에게 훌륭한 모범을 제시하고 있다.

예수님은 인간의 형체를 입으신 하나님이셨지만, 그 점을 내세워 특권을 누리려 하지 않으셨다. 오히려 구원을 이루시기 위해서 자기를 비워 종의 형체가 되기까지 낮아지셨으며, 마침내 십자가에 죽으시기까지 순종하셨다. 아니 그것으로도 모자라서, 그분은 종의 본성과 태도를 취하셨다. 하나님이 우리의 종이 되신 것이다! 예수님은 이 수수께끼 같은 행동을 이렇게 표현하셨다. "인자가 온 것은 섬김을 받으려 함이 아니라 도리어 섬기려 하고 자기 목숨을 많은 사람의 대속물로 주려 함이니라"(마 20:28).

그래서 필자는 '어디서 시작해야 하는가?'라는 질문에 대한 첫 번째 대답은, 우리가 예수 그리스도의 태도(마음)를 가져야 한다는 것으로 결론을 내렸다. 나는 우리 대부분이 그런 마음을 갖는 것은 불가능하다고 반응할 것으로 예상할 수 있다. 우리는 예수님과 같지 않다. 그렇게 되려고 바랄지언정, 그렇게 되지는 못한다. 그것은 너무나도 분명한 사실이다! 그렇기 때문에 우리는 걸핏하면 우리의 연약한 인간성을 핑계로 내세운다. 우리의 태도가 예수님의 태도와는 천양지차임을 아는 순간, 우리는 그분의 태도를 가지려는 노력조차 하기를 포기한다. 설령 노력하더라도 실패에 실패를 거듭하다가 마침내는 포기해 버린다.

우리가 예수 그리스도처럼 될 수 있는 유일한 길은, 우리 스스로의 힘으로 그분처럼 되겠다는 시도를 포기하고, 우리를 그분에게 의탁하는 것임을 주님께서 아실 것이다. 바울은 우리가 스스로에 대해 '죽고' 그리스도 안에서 영적으로 살아야 한다고 했을 때, 자기 자신이 어떤 태도를 가지고 있는지 생생하게 보여주고 있다. 바울은 우리가 그리스도인이 될 때 자기 자신에 대해 한 번 결정적으로 죽는 것만을 말하고 있지 않다. 그는 그 죽음이 매일매일, 순간순간 삶에서 일어나는 것이라고 강조한다. 그는 "내가 매일 죽는다!"라고 했다. 그런 다음에 놀라고 있는 독자에게 자신이 말한 의도를 명쾌하게 밝히기 위해 그 단어의 의미를 설명하고 있다(고전 15:32).

우리가 진정 섬기는 지도자가 되려고 한다면, 바울의 태도가 우리의 태도가 되어야 한다. 섬기는 지도자상은 어떤 경영자 모델처럼 '단숨에 배우거나' 완벽하게 몸에 익힐 수 있는 모델 그 이상이다. 섬기는 지도자는 마음에서 시작된다. 우리의 태도, 우리의 동기에서 말이다.

필자는 우리가 먼저 예수 그리스도의 종이 되고 성령님으로 충만하며 또 그 능력을 받지 않는다면 섬기는 지도자가 될 수 없다고 확실히 말할 수 있다. 나는 이것이 단지 종교적이거나 신학적인 문제가 아니라고 믿는다. 우리의 출발점은 예수 그리스도를 우리 삶의 주님으로 모시고, 성령님의 내주하심과 인도, 간섭하심을 받아들이는 순간이 되어야 한다. 예수 그리스도에게 순복하고 그분이 우리 안에서 또 우리를 통하여 그분의 삶을 사시도록 청하는 일이 없이 그분처럼 '행하는' 법을 배울 수 없다.

하나님께서는 우리가 예수 그리스도를 닮는 삶을 살도록, 그분처럼 섬기도록, 또 그분처럼 사람들을 인도하도록 우리를 부르셨다. 그리스도께서 성령님의 권능을 통해 우리 안에서, 또 우리를 통해 사실 때에만 이 근본적인 문제가 해결되고 만족될 수 있다.

광야 경험

하나님께서는 우리 태도의 변화를 위해서, '광야 경험'이라 부를 만한 쓰디쓴 경험을 우리에게 허락하신다. 우리는 성경에서 이러한 곳으로 데려가심을 자주 볼 수 있다. 예를 들어 모세가 자기의 힘과 재주를 믿고 하나님의 백성을 인도해 내려고 했을 때, 그는 히브리 노예를 폭행한 애굽의 감독관을 죽이게 되었다. 그러나 그 히브리 노예는 모세를, 자신을 구원해 줄 능력의 구원자로 알아 보고 감사하기는커녕, 그 사태를 지켜 보고는 "누가 너를 우리를 다스리는 자와 재판관을 삼았느냐 네가 애굽 사람을 죽인 것처럼 나도 죽이려느냐"(출 2:14)고 따져 물었다.

자기가 애굽인을 죽인 사실이 누군가에 의해 목격되었음을 자각한 모세는 그야말로 광야로 도망하여 미디안 땅으로 숨었다. 거기서 그는 이드로를 만나 그의 딸 중 한 여인과 결혼했고, 장인의 양을 치는 큰 목자가 되었다. 애굽의 바로 공주의 양아들이 되어 바로 궁전에서 호화롭게 자라다가, 아마도 바로의 정사(政事)를 한몫 맡아 처리하던 모세는 이렇게 비참하게 실패했다. 그는 광야 한구석에서 양을 치는 목자의 신세로 전락하고 말았던 것이다.

그러나 하나님께서 불타는 떨기나무 속에서 모세를 부르신 때는 바로 이 고난과 역경의 세월을 겪던 중이었다. 바로 그 때 하나님께서는 그를 지도자로 부르셨다. 그분은 애굽의 압제 아래 있는 히브리 백성을 이끌어서 약속의 땅으로 들어가게 하는 인류 역사상 가장 어려운 지도자의 과업을 맡기기 위하여 그를 부르셨다. 모세는 처음에 두려움과 또 실패할 것이라는 자아상을 보였다. 그러나 마침내 그는 여호와의 말씀에

굴복하게 된다!

돌이켜 보면 모세가 광야에서 양을 치며 보낸 세월은 새로운 과업을 부여받기 위한 준비 기간이었다. 그는 더 이상 자기 힘으로 백성을 이끌겠다거나, 자기의 행동 계획을 수립하려는 유혹에 넘어가지 않았다. 오히려 그는 오직 여호와 하나님께 힘과 지혜, 전략, 그리고 매일 매일의 인도를 간구하는 믿음의 사람이 되었다. 이렇게 모세의 태도에는 일대 변화가 있었다. 그는 이제 하나님의 종이 되어 오직 여호와께서 지도자로 이끌어 주실 것만을 바라는 사람이 된 것이다.

모세만 하나님께서 맛보게 하시는 '광야 경험'이 있는 것은 아니다. 예수님도 공생애 사역을 준비하시기 위해 40일 동안 광야에서 보내셨다. 다윗은 이스라엘의 왕이 되기 전에 사울 왕의 살해 위협을 피하기 위해 십년 이상 광야에서 숨어 지내야 했다. 엘리야는 갈멜산에서 거둔 놀라운 승리에도 불구하고, 그를 죽이기로 작정한 이세벨을 피해 광야로 도피했다. 요나는 큰 물고기 뱃속에서 놀라운 '광야 경험'을 했다. 또 나중에 사도가 된 바울은 하나님께서 그에게 능력 있는 사역을 맡기기 전에, 회심 후 상당 기간을 광야에서 보냈다(갈 1:17-18). 하나님은 이러한 '광야 경험'을 통해 종들의 인격과 지도자로서의 자질을 단련하셨다.

필자는 독자들이 이런 힘든 '광야 경험'을 구해야 한다고 말하는 것이 아니다. 단지 그런 기회가 왔을 때 그것을 거부하지 말라고 권면하는 것이다. 그리고 우리는 그것을 하나님께서 우리에게 주시는 놀라운 사랑의 선물로 보아야 한다.

우리가 그런 광야 경험을 하지 않을 수만 있다면 얼마나 좋겠는가! 그러나 우리 대부분은 모세가 미디안 광야에서 그랬던 것처럼, 해리 글래스턴 목사가 교회 문제를 겪으면서 부딪힌 것처럼, 존 스틸맨이 간부로서의 자기 실패와 씨름할 때 경험한 것처럼, 또 매리 앨버레즈 부인이 홀어머니로서 어떻게 아이들을 양육해야 할지 고민하면서 맛본 것 같은, 아니 필자 자신의 형편없음을 깨달으면서 깨어진 것처럼, 어떤 쓰리고 고통스러운 경험을 하면서 '섬기는 지도자'의 원리를 배우기 시작하게 된다. 우리를 사랑하시는 주님께서는 우리가 있는 그곳에서 우리를 만나기 원하신다. 그리고 우리를 사랑하고 스스로를 낮추시는 그분의 태도를 우리 것으로 삼기로 결심할 때, 주님은 유능한 섬기는 지도자가 되는 길을 자세하게 일러 주신다. 그러면 이렇게 놀라운 은사와 함께 특별한 기회와 도전이 또한 우리를 찾아올 것이다.

어떻게 시작할 것인가? 우리의 삶을 주님 앞에 내어놓고 성령님에 의해 충만함을 입고 권능을 받을 때, 어떤 유별난 도전에라도 응전(應戰)할 수 있게 될 것이다.

물결을 거슬러 헤엄쳐 올라가자

우리는 섬기는 지도자로서 물결을 거슬러 헤엄치고 있음을 곧 발견할 것이다. 섬기는 지도자라는 개념은 소위 유명하다는 책이나 강사의 강연을 통해 지도자상과 관리에 대해 배운 것과는 크게 다르다.

우리는 성경적인 관점에서 섬기는 지도자를 공부하면서 그것이 오늘날 인기 있고 유명하다는 경영 시스템의 지도자상과는 무엇인가 '불협화음'을 내고 있음을 발견하게 된다. 예수님은 이 점에 대해 이렇게 말씀하셨다. "이방인의 집권자들이 그들을 임의로 주관하고 그 고관들이 그들에게 권세를 부리는 줄을 너희가 알거니와 너희 중에는 그렇지 않아야 하나니 너희 중에 누구든지 크고자 하는 자는 너희를 섬기는 자가 되고"(마 20:25-26).

이 말씀에서 쉽게 파악할 수 있듯이, 섬기는 지도자는 우리의 논리적 사고와 모순된다. 겉으로 보기에는 이것은 말이 되지 않는다. 내가 이끌고자 하는 사람들의 종이나 노예가 된다면, 어떻게 지도자가 될 수 있는가? 악의와 경쟁, 권력의 남용으로 살풍경한 '이 현실의 세계'에서 과연 그런 지도자상이 먹혀들어 갈 수 있을까?

이 역설로밖에는 보이지 않는 놀라운 선언은 예수님의 또 다른 말씀과 아주 밀접하게 연결되어 있다. "누구든지 자기 목숨을 구원하고자 하면 잃을 것이요 누구든지 나와 복음을 위하여 자기 목숨을 잃으면 구원하리라"(막 8:35). 이 말씀은 의심할 여지 없이 예수님께서 우리 삶의 '주인되심'(ownership) 혹은 통제권을 주장하고 계신 것이다. 누가 나를 '소유하였는가?' 누가 내 인생을 통제하는가? 누가 내가 어디에서 무엇을 하고 무엇을 말할지 결정하는가? 누가 나를 인도하는가? 나는 누구를 따르는가?

보통은 아무리 정직한 사람이라도 자신이 자기 인생에 책임을 져야 한다고 말할 것이다. 그들은 이렇게 말할 것이다. "나에게는 책임이 있다. 나는 무엇을 하고 어디로 가며 어떻게 가야 할지 스스로 결정해야 한다. 나는 나를 이끌고 내가 즐기는 것에 내 몸을 맡긴다. 즉 성취할 어떤 것이나 나를 이롭게 하는 어떤 것에 말이다."

그러나 이것은 인간의 길이다. 예수님은 우리에게 오셔서 이것이 그분의 길이 아니라고 말씀하셨다. 그분의 길은 다르다. 우리가 그분을 따른다면, 우리는 우리 자신에 대해 '아니다'라고 말해야 할 것이다. 왜냐하면 우리는 자기를 부인하고 매일 자신의 십자가를 지고 예수님을 따라야 하기 때문이다(막 8:34). 우리는 섬김을 받기보다는 섬겨야 한다. 우리는 마음과 영혼을 다해, 뜻과 힘을 다해 그리스도를 따라야 한다. 우리가 그분을 따를 때만이 비로소 사람들에게 우리를 따르라고 권할 수 있다!

우리는 하나님께서 그렇게 살도록 지으신 대로, 우리를 인도하시고자 하는 대로 살라는 도전을 받아들일 때 첫걸음을 뗄 수 있다. 우리는 사소한 일들을 놓고 주님의 일을 붙잡을 수 있다. 두말할 나위 없이 이것은 진정 위대한 도전이 아닐 수 없다.

동기의 중요성

한편 필자는 섬기는 지도자가 되는 모험을 우리의 동기를 살펴보는 데서 시작해야 할 것이라고 굳게 믿는다. 하나님께서는 단지 우리가 하는 '일'뿐 아니라, '왜' 우리에게 그런 일을 하는가에 지대한 관심을 두신다. 기억하겠지만, 이스라엘의 초대 왕 사울은 이 진리를 가장 극적인 방법으로 보여 준다. 그는 하나님께서 원하시는 방법으로, 즉 섬기는 지도자로서 백성을 이끌지 않고 세상 사람의 방법으로 이끌었다. 그는 '자기의 일'을 자기의 방식대로 수행했을 뿐이다. 그리고 자기 욕심을 채우기 위해 자기에게 주어진 권력을 남용했다.

이러한 그의 마음가짐은 아각과 아말렉 족속을 물리쳤을 때(삼상 15장) '좋은' 모든 것을 자기를 위해 숨김으로써 모든 것을 진멸하라는 하나님의 말씀을 거역한 데서 여실히 드러나고 만다. 여호와 하나님은 선지자 사무엘을 사울에게 보내서 물으셨다. "어찌하여 여호와의 목소리를 청종하지 아니하였나이까?" 그리고 이런 선언을 사울에게 내렸다. "이는 왕이 여호와의 말씀을 버렸으므로 여호와께서 왕을 버려 이스라엘 왕이 되지 못하게 하셨음이니이다"(삼상 15:26).

그리고 사울을 물리치신 하나님은 사무엘을 보내 이스라엘의 새 왕에게 기름을 붓도록 하셨다. 사무엘이 여호와의 인도하심을 따라 베들레헴에 있는 이새의 집에 가게 되었다. 그는 큰아들 엘리압을 보고 그의 외모에 반하여, 그가 여호와의 기름 부으신 자가 되어야 하겠다고 생각했다. 그러나 여호와께서는 말씀하셨다. "그의 용모와 키를 보지 말라 내가 이미 그를 버렸노라."

여호와 하나님은 이어서 이렇게 말씀하신다. "내가 보는 것은 사람과 같지 아니하니 사람은 외모를 보거니와 나 여호와는 중심을 보느니라"(삼상 16:7). 엘리압, 사울, 다윗, 아니 우리 모두에게 이 얼마나 의미 있는 말씀인가! 하나님은 우선 우리의 중심을 들여다보신다. 하나님은 그 마음이 그분 앞에서 정직하고 바른 사람을 지도자로 사용하신다. 하나님은 우리가 눈에 보이는 외적인 지도자적 특징을 구한다는 점을 잘 알고 계신다. 우리는 말끔하고 강하며 신체적으로 뛰어난 외모를 지닌 지도자들에게 반한다. 엘리압이나 사울은 둘 다 외모로 뛰어난 사람이었다. 경건한 사무엘조차도 그들의 외모를 보고 좋은 인상을 받지 않을 수 없을 정도였다.

그러나 하나님은 외모를 넘어 중심을 보신다. 그분은 우리가 하는 '일'뿐 아니라 '왜' 하는가도 보신다. 그분은 마음에서 비롯되는 외적 행위와 행동을 꿰뚫어 보신다. 마음이 바르다면, 행동도 바를 것이다. 예수님은 "속에서 곧 사람의 마음에서 나오는 것은 악한 생각 곧 음란과 도둑질과 살인과 간음과 탐욕과 악독과 속임과 음탕과 질투와 비방과 교만과 우매함이니"(막 7:21-22)라고 말씀하심으로 이 진리를 생생하게 드러내신다.

우리의 동기는 우리의 마음 중심에서 결정된다. 불행히도 우리의 자연적인 동기는 이기적이다. 우리 속에 있는 죄를 아주 적나라하게 보여주는 것이 이 이기심이다. 예수님은 우리가 마음의 동기에서부터 온갖 죄 된 행위를 낳는다고 강조하셨다.

우리가 주님께서 사신대로 살고 이끄신 것처럼 따라가려고 한다면, 자연적인 것 이상의 어떤 것에 의해 우리의 마음이 가득 채워져 있어야 한다. 우리의 마음은 예수 그리스도로 가득 채워 있고 다스려져야 한다. 그분이 우리의 마음을 다스리실 때 우리에게 새롭게 살아갈 능력을 허락하신다. 그분의 동기가 우리의 동기가 된다. 그런데 그분의 동기는 언제나 사랑이다!

섬기는 지도자가 되려는 모험을 어떻게 시작할 수 있는가? 우리 삶을 하나님께 드리고, 그분께 우리의 태도를 다시 만들어주시기를 간구함으로써 시작된다. 때로 거기에는 '광야 경험'이 요구되기도 하고 그렇지 않기도 하지만, 과정은 언제나 똑같다. 우리가 나에 대해 죽고 하나님에 대해 사는 것이다. 그러면 하나님은 우리를 그분의 영으로 가득 채워주신다. 그리고 성령님과 더불어 사랑의 은사가 우리에게 덤으로 주어진다.

그 사랑은 우리의 태도에 표지가 되고 동기의 핵심이 된다. 섬기는 지도자는 예수님의 겸손함과 사랑하는 마음에서 시작한다.

내게는 준수하거나 박력도 있지 않은 친구 목사가 있다. 그는 평범한 설교자이고, 행정에는 까막눈과 같은 사람이다. 그러나 그가 유능한 지도자로 손꼽히는 것은 단 하나의 이유 때문이다. 그는 대하는 모든 사람을 사랑한다. 그는 예수님의 겸손함과 사랑하는 마음을 지녔다. 그는 누가 보아도 사랑의 동기를 가지고 사람들을 섬긴다. 그리고 그는 그렇게 사랑함으로써 자신도 사랑을 받는다. 많은 사람이 그를 사랑하고 믿고 따른다. 한마디로 말해서 그의 태도는 올바르다.

〈월드 크리스천 매거진〉(World Christian Magazine)의 편집자 고든 애쉴리맨(Gordon Aeschliman)은 최근 섬기는 지도자가 되기 원하는 우리 모두의 기도가 되어 마땅한 다음과 같은 글을 썼다.

> 우리에게 복을 주지 마시고
> 주님의 마지막 명령과 소원을
> 묵묵히 순종할 수 있는 은혜를 주옵소서.
> 지위(status)를 주지 마시고
> 섬길(serve) 자리를 주옵소서.
> 우리를 위해 쓸 재물을 주지 마시고
> 우리를 쓰옵소서.
> 우리가 거할 집을 주지 마시고

그리스도의 사랑을 이 세상에 전할 발판을 주옵소서.

좋은 직장을 주지 마시고

우리에게 일을 주옵소서.

쾌락(pleasure)을 주지 마시고

사물을 바로 볼 수 있는 시각(perspective)을 주옵소서.

만족(satisfaction)을 주지 마시고

희생(sacrifice)하게 하옵소서.

오락(entertainment)을 주지 마시고

우리로 능력 있게(enable) 하옵소서.

좋은 봉급(salaries)을 주지 마시고

주님의 뜻을 행할 힘(strength)을 주옵소서.

우리가 삶에서 누릴 수 있는 가장 큰 기쁨은

우리 주님을 기쁘시게 하는 것.

여기에 비할 다른 기쁨이 없나이다.[2]

공부할 문제

1. 필자인 폴 시다의 광야 체험을 어떻게 보는가?

2. 예수님의 종 된 태도를 어떻게 묘사하겠는가?

3. 우리 자신의 삶에서 겪은 '광야 체험'에 대해 이야기해 보라.

4. 섬기는 지도자는 어떤 의미에서 '강을 거슬러 올라간다'고 할 수 있는가?

5. 섬기는 지도자가 되려는 동기가 중요한 이유는 무엇인가?

제3장

섬기는 지도자
사랑이 핵심

하나님은 우리에게 자신의 목적이나 욕망을

성취할 능력을 주시지 않았다.

그분의 능력은 예수 그리스도의 사랑과

성령님의 권능으로

하나님과 다른 사람들을 섬기게 하려고

우리에게 주어진 것이다.

"새 계명을 너희에게 주노니 서로 사랑하라 내가 너희를

사랑한 것 같이 너희도 서로 사랑하라 너희가 서로 사랑

하면 이로써 모든 사람이 너희가 내 제자인 줄 알리라"(

요 13:34-35)

사랑은 그리스도인의 생활에서 가장 중심을 이루는 것이다. 그리고 사랑은 섬기는 지도자에게도 가장 중심이 되는 것이다! 사랑이 우리의 동기가 될 때 우리의 태도와 행동에서는 사랑이 묻어난다. 예수님은 이러한 사랑의 삶이 우리의 제자 됨을 시험하는 시금석(試金石)이라고 말씀하셨다. 만일 그분이 우리를 사랑하신 대로 우리가 서로 사랑하면 모든 사람이 우리를 그분의 제자로 알 것이라고 단언하셨다.

사랑은 마음에서 시작되는 것이지만, 사랑은 실천 속에서 모두가 볼 수 있는 형태로 드러나야 한다. 예를 들어, 사도 바울은 남편에게 그리스도께서 교회를 사랑하신 것처럼 아내를 사랑하라고 권면하고 있다(엡 5:25). 여기서 한 가지 좋은 질문이 떠오른다. "그러면 그리스도는 교회를 어떻게 사랑하셨는가?"

바울은 "자신을 주심 같이" 사랑하셨다고 말하는 것으로 이 질문에 답하고 있다. 달리 말해서 그리스도는 교회를 위해 자

신을 줌으로써, 즉 교회를 '섬김'으로써 교회를 향한 자기의 사랑을 입증하셨다. 이렇게 볼 때 하나님께서는 남편에게 아내를 사랑하는 방법으로 섬김을 명령하고 계신 것을 알 수 있다. 그러나 이 말씀은 오늘 우리가 사는 것 같은 남성 중심 사회에서는 썩 바람직하지 않은 말처럼 들린다.

교회사를 통해, 이 가르침이 아내가 남편에게 복종해야 한다는 에베소서에 나오는 바울의 남성 선호적인 다른 언급들에 의해 폭넓게 무시되어 왔다는 것은 한마디로 비극이 아닐 수 없다. 불행히도 그리스도를 경외하는 마음으로 사랑 가운데서 피차 복종해야 한다는 바울의 일관적인 가르침(21절)과 더불어 섬김에 대한 강조가 자주 희석됐다.

필자는 만일 우리가 결혼과 사랑, 그리고 섬기는 지도자에 관한 성경의 개념을 조금이라도 이해한다면, 이 양쪽의 가르침이 얼마나 중요한지 알게 될 것이라고 확신한다. 우리가 그리스도께서 우리를 사랑하신 것처럼 서로 사랑할 때, 우리는 사랑 안에서 서로 복종하게 되고, 또 그리스도께서 우리를 위해 그렇게 하신 것처럼 우리도 우리 자신을 서로에게 줄 것이다!

현대 사회에서 '사랑'이란 단어가 너무나 자주 오용되면서, 도대체 사랑이 무엇인가를 여기서 정의하고 지나가야 할 것

같다. 요한일서의 저자는 아주 간단하지만 심오하게 '사랑'의 정의를 보여준다. 그는 "하나님은 사랑이시다!"(요일 4:8)라고 했다. 그리고 우리는 예수님의 가르침에서 하나님의 사랑이 무조건적(unconditional)임을 배웠다. 우리는 그런 사랑을 우리 힘으로 구할 수 없고, 또 그런 사랑을 받을 자격도 없다!

그러나 우리가 알고 있듯이, 성경은 사랑을 매우 실천적이고 쉽게 측량할 수 있는 용어로써 정의하고 있는데, 그러한 사랑의 마음을 어떻게 매일 매일의 생활로 옮길 수 있을까? 무엇보다도 우리가 그리스도께서 행하신 대로 행하고, 사랑하신 대로 사랑하며, 복종하신 대로 복종하고, 섬기신 대로 섬겨야 한다고 말할 수 있을 것이다. 그러나 이렇게 고상하게 말하는 것과 그것을 실제적으로 실천하고 살아간다는 것은 별개의 문제이다.

사랑으로 이끈다.

필자는 고린도전서 13장에 나오는 바울의 사랑에 대한 힘 있는 가르침에서 '사랑으로 이끈다'는 것의 전형(典型)을 본다. 거기서 우리는 어떻게 사랑이, 조금 더 구체적으로 말해서 섬기는 지도자의 모습이 삶의 모든 영역에서 관찰되고 역사하는

가를 너무도 생생히 볼 수 있다. 사실 고린도전서 13장에서 '사랑', '자비'라는 단어들을 '섬기는 지도자'라고 바꾸어 넣어도 무방할 것이다. 그렇게 할 때 우리는 섬기는 지도자에 대한 실천적이고 현실적인 정의를 발견하게 된다. 필자는 고린도전서 13장 4절부터 7절까지를 아래와 같이 바꾸어 써 보았다.

> 섬기는 지도자는 오래 참고 섬기는 지도자는 온유하며 시기하지 아니하며 섬기는 지도자는 자랑하지 아니하며 교만하지 아니하며 무례히 행하지 아니하며 자기의 유익을 구하지 아니하며 성내지 아니하며 악한 것을 생각하지 아니하며 불의를 기뻐하지 아니하며 진리와 함께 기뻐하고 모든 것을 참으며 모든 것을 믿으며 모든 것을 바라며 모든 것을 견디느니라.

우리는 고린도전서 13장에서 완전하고 궁극에 이른 섬기는 지도자, 곧 예수 그리스도의 삶이 어떤 것인가를 뚜렷이 볼 수 있다. 이 묘사는 섬기는 지도자가 되기 원하는 우리 한 사람한 사람에게 실제적인 모델을 제시한다. 확신하건대, 만일 하나님께서 우리 혼자만의 힘으로 이러한 종류의 지도자가 '한 번 되어 보라'고 하셨다면, 우리는 보나 마나 시작하기도 전에 사양했을 것이다. 예수님처럼 사랑하고 이끌고 섬기려면 그리스도 그분의 힘과 능력이 우리에게 필요하지 않겠는가! 우리는 그분 없이 이 일을 할 수 없다. 하지만 사도 바울이 상기시켜 주듯이, "내게 능력 주시는 자 안에서 모든 것을 할 수" 있다(빌 4:13)고 생각한다.

복음은 우리가 섬기는 지도자가 될 수 있다고 권한다! 우리는 그리스도께서 사랑하신 것처럼 사랑할 수 있다. 우리는 성령님의 능하게 하심을 힘입어 하나님이 우리에게 바라시는 존재가 될 수 있고, 행하기 원하시는 일을 할 수도 있다.

사도 바울은 젊은 디모데에게 이런 약속을 하고 있다. "하나님이 우리에게 주신 것은 두려워하는 마음이 아니요 오직 능력과 사랑과 절제하는 마음이니"(딤후 1:7). 여기서 너무나 흥미 있는 것은 하나님의 사랑과 하나님의 능력이 한자리에 언급되고 있다는 사실이다. 이 말을 다시 하면, 하나님의 사랑과 능력, 이 둘은 우리 가까이에 있다는 것이다. 예수님은 지상 사역을 총정리하시면서 제자들을 감람산으로 불러 이런 약속을 해주셨다. "성령이 너희에게 임하시면 너희가 권능을 받고…"(행 1:8).

누가는 사도행전에서 예수님의 이 명령이 단지 위임의 내용만이 아니라 곧 성취될 예언의 말씀이었음을 밝히고 있다. 우리는 사도행전 2장에서 성령님께서 제자들 안에 내주하셨을 때 일어났던 크고 놀라운 사건들을 볼 수 있다. 성령님은 권능으로 그들의 삶 가운데 놀랍게 찾아가셨다. 수천 명의 사람들이 부활하신 그리스도로 말미암아 구원받던 그날, 예루살렘 거리에서 베드로가 행한 설교 역시 성령님의 찾아오심을 입증하는 예 가운데 하나이다(행 2:38).

오순절에 이런 놀라운 일이 일어나기 전에는, 베드로가 그처럼 엄청난 영적 능력을 가지고 있었다는 증거를 어디서도 볼 수 없다. 물론 베드로가 예수님과 함께 지내는 동안에 그분을 사랑하게 되었다고 보아도 좋다. 예수님께서는 베드로와 그의 신앙고백 위에 교회를 세우실 것이라고 말씀하신 바 있다(마 16:16).

그러나 베드로는 예수님이 잡혀서 일생일대의 큰 고난 겪으시던 그 밤에 꽁무니를 빼고 말았다. 베드로가 겟세마네 동산에서 칼로 주님을 지켜보겠다고 애쓴 것도 사실이다. 그는 옳은 일을 하려고 했으나 확고하게 설 만한 힘이 없었다. 그래서 마침내 그는 주님을 부인하는 자리에 들어가고 말았던 것이다. 그는 저주하며 맹세하여 말하기를 예수라는 사람을 도무지 알지 못한다고 하였다!(마 26:74).

만일 우리 모두도 그런 자리에 있었다면 아마 베드로와 똑같이 행동했을 것이라고 생각된다. 우리는 신실하고 또 최선을 다하려고 하지만 그것만으로 모든 것이 해결되지는 않는다. 누구보다 베드로도 신실했지만, 성령을 받기까지는 영적인 능력을 갖추지 못했다. 성령을 받고 나서야 섬기는 지도자로서 그리스도를 위해 담대히 증언할 수 있었다.

러스 라이드(Russ Reid)는 〈무엇이 그리스도인 지도자를 망치는가?〉라는 글에서 권한의 남용을 지적하고 있다. 그는 다음과 같은 유명한 상원의원의 행태를 예로 들고 있다. "내가 의사당으로 가기 위해 개인 사무실을 나서면 때맞추어 엘리베이터가 내 앞에 멈춰 선다. … 필요하다면 함께 타고 있는 사람이야 관계없이 층을 그냥 지나칠 수도, 아니면 지나쳐도 될 층에도 설 수 있다. 함께 탄 사람들은 어쩔 줄 몰라 한다. … 복도를 걸어가고 있는 나를 본 경비원은 지하 차고로 전화해서 차를 대기시켜 놓는다. 나는 차를 타고 의사당으로 향한다. … 의사당에 도착하면, '의원 전용'이라는 표지가 붙어 있는 엘리베이터가 나를 기다리고 있다. 나는 유유히 회의장 안으로 들어간다."

이것은 미국 상원의원 마크 햇필드(Mark Hatfield)의 말이다. 이 말은 바로 권력, 권리와 특권에 관한 것이다. 그런 권리와 특권은 워싱턴 정가(政街)의 세련된 분위기에 젖어 사는 사람들에게 부여된 것이다. 워싱턴에서는 권력 그 자체가 숭앙받고 나이 많다는 것이 큰 거드름 거리가 되고 있다. 햇필드 상원의원은 권력에 길이 들면 들수록 그 권력을 남용하지 않겠다는 자신과의 싸움이 치열해진다고 인정했다. 불행히도 이러한 분위기가 기독교 지도자들 사이에서도 팽배해 있다. 그들은 여러 곳에 거창한 사역 기관을 세웠지만 그 기관들이 그들에게 부여한 권위를 어떻게 써야 할지 잘 모르고 있다. 그들이 처음 품었던 비전과 하나님을 향한 절대적인 신앙심은 3류 원맨쇼로 전락하고 말았다. "지혜를 겸손하게 구하기보다는 일방적이고 졸속한 결정이 흔하게 된다. '주님께서 그렇게 하라고 하셨습니다'라는 말은 지혜로운 사람들의 충고를 무시하고 전횡하는 일을 경건함인 양 포장하는 좋은 재료가 된다."[3]

하나님은 우리에게 우리의 목적이나 욕망을 성취할 능력을 주시지 않았다. 그분의 능력은 예수 그리스도의 사랑과 성령의 권능으로 하나님과 다른 사람들을 섬기라고 우리에게 주어진 것이다!

유능한 로스앤젤레스 경찰청장인 밥 탐즈(Bob Toms)는 권력과 섬기는 지도자에 관해 자신의 깨달음을 다음과 같이 밝히고 있다. 그는 최근 그리스도인 학생들과 만난 자리에서 이렇게 말했다. "예수님은 자신에게 큰 능력이 있으심을 굳이 숨기지 않고 드러내셨습니다. 아주 솔직하게 행하셨다고 생각합니다. 그리고 천국에서 어떻게 큰 자가 되는지에 관해서도 드러내 놓고 말씀하셨습니다. '너희 중에 누구든지 큰 자가 되고자 하는 자는 섬기는 자'가 되어야 하리라."

"예수님은 순자(荀子)나 마키아벨리(Niccolo Machiavelli)의 사상과는 반대로 권력의 역삼각형을 가르쳐 주셨습니다. 그리스도인 지도자가 되고자 하는 사람은 자기를 낮추고, 하나님의 권위에 복종해야 하며, 목자를 찾는 사람들을 섬겨야 한다는 것입니다. 지도자들은 꼭대기가 아니라 밑바닥에서 일해야 합니다. 다시 말하지만 복음은 다이너마이트입니다. 이러한 힘, 그리고 지도력을 얻기 위해서 정치권력, 부요함, 출생, 인종, 그리고 성(性) 등 그 어떤 것도 선행조건이 될 수 없습니다. 이것을 손에 넣기 위한 경쟁은 쓰고 괴로운 것만은 아닙니다. 또 아무리 많은 사람이라도 진정한 그리스도인이며 섬기는 지도자에 의해서라면 차근차근히 인도함을 받을 수 있습니다. 많은 경우 오래도록 장엄한 감명을 주는 논증은 몇 마디 말과 일관된 행동으로 말미암아 아주 소수의 사람들의 마음에 전해진 경우가 많습니다. 말씀이 육신이 된 곳에서는 받아들임과 '얻어가짐'이 나타납니다. 그리고 뒤이어 그대로 따르려는 믿음의 선언이 나옵니다. 마치 먹을거리를 나눈 거지들이 더 이상 싸우거나 다툼을 하지 않는 것과 마찬가지입니다."[4]

필자는 바울의 마음에 바로 이런 생각이 들어 있었다고 믿는다. 그는 젊은 후계자인 디모데에게 이렇게 편지했다. "그래 우리의 능력을 믿는다면 우리는 약하고 겁먹을 수밖에 없을 것이다." 하지만 지도자로서 바울은 디모데와 우리에게, 우리가 성령님을 통하여 권능을 가질 수 있다고 분명히 언급하였다.

바울이 고린도에 있는 그리스도인들에게 편지할 때, 시험 중에서 그가 주님으로부터 받은 말씀에 대해 이렇게 말하였다. "내 은혜가 … 족하도다 … 내 능력이 약한 데서 온전하여 짐이라"(고후 12:9). 바울과 마찬가지로 우리 역시 약하다. 그러나 하나님의 권능은 우리의 약함을 통해 역사하고 우리를 약한 사람에서 능력있는 증인으로 변화시킨다. 우리는 섬기는 지도자로서, 마치 우리가 그리스도를 따르듯이 다른 사람들로 하여금 우리를 따르게 하도록 우리에게 위임해 주신 하나님의 권능을 사용해야 한다(고전 11:1).

성령의 열매

성령님께서 우리에게 그리스도를 닮는 삶을 살고 사람들을 이끌어 갈 힘을 주실 때, 그분은 다른 힘도 아울러 주신다. 성경은 이것을 가리켜 '성령의 은사' 그리고 '성령의 열매'라고 한다. 성령의 열매는 갈라디아서 5장 22-23절에 나온다. "오직 성령의 열매는 사랑과 희락과 화평과 오래참음과 자비와 양선과 충성과 온유와 절제니..."

필자는 어느 시대든 또 어떤 그리스도인이든 이 모든 열매를 맺을 수 있다고 생각한다. 그리스도께서 우리 삶의 주인이 되시도록 할 때, 그리고 성령님께서 우리 안에 내주하시며 우리를 다스리실 때, 성령의 열매(들)는 우리 생활 안에서, 우리를 통해 드러날 것이다. 그 열매들은 우리가 계발할 수 있는 성격도, 또 배울 수 있는 기술도 아니다. 그 열매를 얻는 유일한 길은 성령님에 의해 지배받는 길밖에는 없다.

이 열매는 성령님의 능력과 더불어 사람에게서 사람에게로 전해진다. 하나님은 능력 그 자체를 위한 능력을 주시지 않았다. 그분이 우리에게 그런 능력을 주신 이유는 우리가 그분의 영광을 위해 살고, 그분의 왕국을 다른 사람들에게 전하는 일에 쓰임 받게 하시려는 것이다! 우리의 인간적인 약함이 그리스도 왕국의 전진을 가로막는 걸림돌이 아님을 아는 것이 참으로 중요하다.

그리스도께서 성령님의 인격 안에서 우리 속에 거하실 때, 우리는 인간의 능력 한계를 벗어나는 일을 감당할 수 있는 능력을 얻는다. 그분은 우리 안에 그분이 맺으신 열매라는 보화를 넣어 주셨다. 바울은 주님께서 아주 현실적이고 기능적인 이유 때문에 이렇게 하셨다고 말했다. "우리가 이 보배를 질그릇에 가졌으니 이는 심히 큰 능력은 하나님께 있고 우리에게 있지 아니함을 알게 하려 함이라"(고후 4:7).

사랑으로 세워감

섬기는 지도자로서 주의해야 할 것이 있다. 우리는 가족, 종업원, 사회단체의 참여자, 혹은 교인이든지 누군가를 이끌려고 할 때 서로 다른 지도 목표를 가질 수 있다. 그러나 우리의 모든 목표는 두 가지 중요한 원리, 즉 하나님의 뜻을 이룸과 우리가 이끄는 모든 사람의 삶을 견고히 세움이라는 원리에 초점을 맞추어야 한다. 하나님은 결단코 사람을 홀대하거나 억지로 시키지 않으신다. 그분은 자기의 종들이 우리에게 허락하시는 모든 경험을 통해 성장하기를 원하신다. 우리를 세우는 것은 곧 하나님의 나라를 세우는 것이다.

우리는 일회용품으로 둘러싸여 살고 있다. 호화로운 종이 잔이나 플라스틱 접시를 마구 버린다. 플라스틱 수저나 우유 팩 그리고 그 밖의 수천 가지도 넘는 물건들도 그렇게 한다. 그러나 이런 것들 모두가 우리 삶의 한 부분이다. 우리는 이런 물건들을 아무 생각 없이 '쓰고', 폐기하도록 부추김을 받고 있다. 어떤 사람들은 자동차를 2년이나 3년 정도 쓰고는 다른 차와 바꾼다. 지금 우리는 물건들을 써서 닳게 하라는, 그리고 비교적 짧은 시간 안에 쓰레기통에 처박으라는 암시를 받으며 사는 듯하다.

이런 사고방식이 대인관계에서도 심심치 않게 발견된다는 것은 매우 위험한 일이다. 어떤 젊은이는 남자 혹은 여자 친구를 차례차례 '써버린다.' 많은 성인 남녀가 전처 혹은 전남편을 '폐기'한 후에 아무렇지도 않게 다른 결혼 상대로 '바꿔친다.' 교회 역시 이런 경향에 물들어 있다. 많은 그리스도인이 '뜨내기 교인'이 되었다. 그들은 이 교회를 폐기하고 저 교회로 간다. 단지 자신의 찰나적인 기호와 입맛을 위해서.

소위 섬기는 지도자라는 우리조차 이와 같은 유혹에 직면하고 있다. 사람들을 일회용품 쓰듯 부리는 것이다. 지도자로서 우리의 목표는 단지 이기적인 욕망이나, 심지어 중요하거나 가치 있다고 여겨지는 임무를 이행하는 데 있어선 안 된다. 하나님께서 우리의 삶에서 하나님의 뜻을 이루도록 우리를 인도하면서 모든 사람을 세우는 임무를 맡기셨음을 언제나 어디서나 명심해야 한다.

바울은 에베소서 4장에서 반드시 눈여겨보아야 할 만한 지도자상을 말하고 있다. 우리는 그 모델을 나중에 더 자세히 살펴볼 것이지만, 여기서는 그 장에 사용된 그의 어휘에 주목하는 정도로 만족해야 한다. 바울은 4장 2절에서 사랑 가운데서 서로 '용납하는' 일에 대해 말한다. 이것은 섬기는 지도자가 해야 할 일의 일부분이다. 우리는 서로의 짐을 '인내로써 져주기' 위해, 곧 그리스도의 계명(그리스도께서 우리를 사랑하신 것 같이 우리도 서로 사랑하는 것)을 완성하기 위해 부르심을 받았다. 달리 말해서 우리는 기꺼이 상대방의 문제를 살피고 그들이 낙담했을 때 용기를 불어넣어 주어야 한다. 그리고 그들이 상처 입었을 때는 같이 아파해야 한다. 사랑은 다른 사람의 필요를 우리 자신의 필요처럼 느끼도록 동기를 부여한다.

그러나 사랑의 삶은 심정적인 동일화(同一化)만으로 끝나는 것이 아니라 말로도 표현되어야 한다. 바울은 에베소서 4장 15절에서 "사랑 안에서 참된 것을 하는 일'에 관해 언급하고 있다. 섬기는 지도자라면 사랑 안에서 참된 것을 해야 한다. '

사랑 안에서 참된 것을 한다'는 것은 무슨 뜻인가? 나는 그것이 격려와 권면이라고 생각한다. 동시에 믿는 형제나 자매가 곤경에 처해 있거나 어떤 죄에 사로잡혀 있으면 훈계하고 돕는 말을 하는 것과도 상관있다고 본다.

바울은 우리가 사랑 안에서 참된 것을 할 때 이를 행하는 사람과 듣는 사람이 모두 예수 그리스도에게까지 '장성'할 것이라고 주장한다. 이 얼마나 놀랍고 경이로운 일인가! 모든 진리의 근원되신 분이 서로 신실하게 소통하기를 원하신다. 섬기는 지도자는 서로 사랑하므로, 마치 우리 주님께서 우리에게 진리를 말씀하신 것처럼 사랑 안에서 참된 것을 하는 '짐'을 가볍게 질 것이다! 우리는 사랑 안에서 참된 것을 할 때, 우리 주 예수 그리스도의 은혜와 지식 안에서 함께 자랄 것이다.

이러한 사랑과 진실한 의사소통에는 큰 모험이 따른다. 나는 내게 참된 것을 해주는 '모험'을 감당할 만큼 나를 사랑하는 사람들에게 그 누구보다도 깊은 감사를 드린다. 그들은 나의 친한 친구이고 가장 신뢰하는 친구이다. 이런 친구들은 '부담 없는' 혹은 '이기적인 지도자'라고 부르고 싶은 사람들과는 아주 격이 다른 사람들이다. 이기적인 지도자는 파괴적이다. 그들은 마치 일회용품처럼 사람들을 쓰곤 버린다. 매번 사람들을 '혹사하고' 그들의 삶에서 무엇인가를 걷어낸다. 세우기보다는 소비한다. 그들에게 공급하기보다는 무엇인가를 빼내 온다.

필자가 고등학생이었을 때, 중앙정부는 우리 서부 다코다 마을 전체가 이주해야 한다는 행정명령을 내렸다. 미주리 강에 큰 댐이 건설되기로 예정되어 있어서 마을이 침수될 것이기 때문이다. 수십 길의 물이 우리 마을의 아름다운 계곡을 덮을 것이다.

그 결과 필자는 두 번의 여름 방학 기간에 이주 계획을 실행하는 일에 참여하게 되었다. 어떤 여름 방학 때 나는 철거반과 함께 일을 했다. 그 임무는 옮길 수 없는 건물들을 부수는 것이었다. 벽돌과 블록으로 아주 잘 지어진 아름다운 고등학교 건물도 부셔야 했다. 정말 놀랍게도 우리는 수일 만에 그 단단하게 잘 지어진 건물을 부술 수 있었다.

반대로 다른 여름 방학 때에는 새로운 학교 건물을 짓는 건설반과 함께 일하게 되었다. 나는 벽돌 야적장에서 '등짐지기'로 일히게 되었다. 전에 있던 건물을 부수는 데는 단 며칠밖에 걸리지 않았지만, 새로이 지으려니 수개월도 더 걸렸다. 어린 나이였지만 그때 나는 인생에서 아주 중요한 한 가지 원리를 배웠다. 파괴는 빠르지만, 건설은 시간이 걸리고 어렵다는 것이다.

하나님은 우리를 불러 건축자가 되게 하셨다! 우리는 두 가지 의미에서 건축자라는 즐거운 임무를 지고 있다. 하나는 하나님 나라의 건축자요, 다른 하나는 하나님 백성의 삶을 세우는 건축자이다. 이것은 우리가 어떤 책임을 맡고 있는가와는 다른 문제이다. 교회 목사, 주일학교 교사, 소년단 단장, 부모, 회사 간부로서, 섬기는 지도자인 우리는 '삶을 건축하는 사람'이 되어야 한다. 필자는 나를 따르고 내게 사랑 안에서 참된 것을 하는 사람들의 짐을 지고 있음을 영광으로 생각한다. 왜냐하면 우리는 그리스도에게까지 함께 '자랄 수' 있기 때문이다. 내가 사랑 안에서 다른 사람들을 세울 때 나는 그리스도를 위해 일하는 건축자가 되는 것이다.

〈영 라이프(Young Life)〉의 총재인 밥 미첼(Bob Mitchell)은 회원들에게 보내는 회람(回覽)에서 이 점을 분명히 설명하고 있다. "섬기는 지도자는 그의 메시지를 삶으로 보여주며 사는 사람입니다. … 그의 성품을 보면 '받아들이고' 또 들을 준비가 되어 있음을 알 수 있습니다. … 그는 사람들을 한 사람 한 사람 인격으로 대하고 그들을 개인적으로 살핍니다. 지도자를 정의할 때 이러한 성품을 대수롭지 않게 여기는 경향이 있습니다만, 그리스도의 주님 되심을 아직 잘 모르는 아이나 공동체, 또는 그리스도인이 된다는 것이 무엇인가 궁금해하는 직

장 동료들 사이에서는 이런 성품이 얼마나 큰 차이를 만들어
내는지요."⁵⁾

그리스도께서 우리에게 이런 지도자를 따르라 하셨음을 명
심하자.

"내가 너희에게 행한 것같이 너희도 행하게 하려 하여 본
을 보였노라 내가 진실로 진실로 너희에게 이르노니 종
이 주인보다 크지 못하고 보냄을 받은 자가 보낸 자보다
크지 못하나니 너희가 이것을 알고 행하면 복이 있으리
라"(요 13:15-17).

공부할 문제

1. 섬기는 지도자 직분에서 사랑이 차지하는 위치는?

2. 성실함 자체가 우리를 섬기는 지도자로 만들어주지 못하는 이유
   가 무엇인가?

3. 지도자가 권력을 남용할 때 어떤 위험이 따르는가?

4. '성령의 열매'는 섬기는 지도자의 직분과 어떤 관계가 있는가?

5. '세우는 자'로서 섬기는 지도자는 어떤 기능을 담당하는가?

제4장

섬기는 지도자
성경적인 모델

예수님은 우리에게 섬기는 지도자의

완벽한 모범을 보여주셨다.

그분은 33년 동안 우리 가운데 사셨고,

3년 동안 혼신의 힘을 다해 사역하셨다.

진정 섬기는 지도자가 되기를 원한다면

그분의 삶을 살피는 것이 무엇보다도 중요하다.

인류 역사를 통틀어 그분은 효과적으로

섬기는 지도자의 최고의 모범이셨다.

"그에게서 온 몸이 각 마디를 통하여 도움을 받음으로 연결되고 결합되어 각 지체의 분량대로 역사하여 그 몸을 자라게 하며 사랑 안에서 스스로 세우느니라"(엡 4:16)

지도자는 아무것도 없는 상태에서 혹은 공허한 데서 나타나지 않는다. 지도자는 사람들이 모여 있는 데서 나타난다. 지도자는 홀로 떨어져 살 수 없다. 지도자는 서로 관계를 맺어야 한다.

지도자의 역할은 다양하게 시작될 수 있다. 예를 들어 해리 글래스턴 목사와 같은 분은 교인의 선거나 주교의 지명에 의해 지역 교회를 이끌고 나갈 수 있다. 존 스틸맨은 사장의 임명에 의해 간부가 될 수 있다. 매리 앨버레즈 부인은 남편의 죽음 때문에 가장의 역할을 떠맡게 되었다.

그러나 이 세상에서 벌어지는 하나님의 일에서는 누가 이끌 것인가를 결정하는 분은 바로 하나님 자신이시다. 성경은 높이는 일이 동쪽에서나 서쪽에서 말미암지 아니하고, 오직 하나님이 높이시고 낮추신다고 단언한다(시 75:6-7). 우리는 에베소서 4장에서 교회에서 일하는 지도자가 어떠해야 할 것을 보여주는 중요한 모델을 만날 수 있다. 그것은 하나님 나라에서 가장 우선적인 지도자상으로 인식되어야 할 기본적인 원리와 밀접하게 연결되어 있다!

지도자의 모델

바울은 교회 안에 적어도 다섯 가지 정도의 지도자의 역할
또는 은사가 있다고 했다(엡 4:11). 하나님은 어떤 사람들을 사
도로, 선지자로, 복음 전하는 자로, 목사와 교사로 세워주셨
다. 이 각각의 사람들은 초대교회에서 저마다 고유한 지도자
로서의 은사를 가지고 있었다. 우리는 여기서 이런 지도자적
은사가 어떻게 기능하고 그 책임은 무엇인가를 다루지 않을
것이다. 다만 "이러한 지도자적 은사들에게 주어진 공통의 목
적은 무엇인가?" 하는 더 중요한 문제에 눈을 돌릴 것이다. 달
리 말해서 "하나님은 교회의 어떤 지체들에게 지도자로서의
은사와 역할을 주셨는가?"를 살필 것이다.

베드로는 이 질문에 대해서 이렇게 답하고 있다. "각각 은사
를 받은 대로 하나님의 여러 가지 은혜를 맡은 선한 청지기 같
이 서로 봉사하라"(벧전 4:10).

바울의 가르침도 베드로와 일치한다. 그러나 바울은 지도자
들이 서로 섬기기 위해 은사들을 사용해야 하는 구체적인 방
식을 제시한다는 점에서 베드로보다 조금 더 자세한 정의를

내린다고 할 수 있다. 구체적으로 이 다섯 가지 지도자의 은사가 모두 '하나님의 백성을 온전하게 하는' 책임과 관련되어 제시되고 있다. 달리 말해서 하나님 나라에서 지도자는 지도하는 사람의 개인적 필요를 충족시키기 위해 있는 것이 아님을 보여 준다. 그리고 지도자가 아닌 사람들이 단지 따르는 사람이 되거나 아니면 지도자를 섬기기 위해 존재하지 않음을 보여 준다. 이와는 매우 다르게, 지도자들은 따르는 사람들을 온전하게 함으로써 그들을 섬기는 일을 하기 위해 세우심을 입은 것이다. 헬라어 원문에서 "온전하게 한다"는 '구비되게 하다' 혹은 '잃은 것을 다 채워 놓다', 아니면 '고장난 것을 고치다' 라는 뜻이 있다. 섬기는 지도자는 부서지고 상하고 불완전한 사람들을 세우고 고치며, 예수 그리스도의 은혜와 사랑으로 격려하는 일을 맡기 위해 부르심을 받은 것이다.

  다음에 이어지는 질문은 "지도자들은 무엇을 위해서 하나님의 백성을 온전하게 해야 하는가?"이다. 바울은 성도들로 하여금 서로 섬기게 하기 위해 하나님의 백성을 온전하게 하는 일을 해야 한다고 말한다. 요약하면, 지도자들은 따르는 자들로 하여금 그들 역시 사역자가 되게 하기 위해 온전하게 하는 일을 한다는 말이다. 이 말씀이 포함하고 있는 가능성을 생각해 보라. 예를 들어 우리가 목사에게만 교회 사역의 전부를 맡기지 않는다면, 교회에서는 큰 변화가 일어날 것이다. 목사는 지체들로 하여금 각자가 봉사할 수 있도록 온전하게 하는 일에 많은 시간을 보낼 수 있어야 한다. 하나님의 계획은 우리 모두를 위해 한 사람을 고용하는 것이 아니라, 우리 모두가 서로 사역에 참여하는 특권과 책임을 나누게 하신 데 있다.

의심할 여지 없이, 위의 말씀은 아주 이례적인 공동체에 대한 묘사임이 틀림없다. 교회는 지도자가 있고 따르는 사람이 있는 조직체 이상이다. 아니 몸의 각 지체가 서로를 돌보며 적절히 일하는 유기체이다. 지도자로서 은사를 가진 사람들은 사역을 위해 그 은사들을 사용한다. 반면 모든 지체는 그들의 영적 은사를 사용해서 지도자들과 다른 지체들을 섬긴다! 이런 공동체에 몸담고 있다면 얼마나 놀라운 경험을 할 수 있을 것인가?

사실 지교회의 지체인 모든 그리스도인은 늘 이런 경험을 하고 살아야 함이 마땅하다. 교회는 모든 사람이 서로를 섬기기 위해 자기들의 영적 은사를 이용하는 놀랍고 즐거운 곳이 되어야 한다!

그러나 이것만이 아니다. 성경은 우리에게 이 모든 놀라운 사역을 통해서 매우 중대한 일이 일어난다고 가르친다. 즉 그리스도의 몸이 세워진다는 것이다! 그리고 이로 말미암아 연합된 몸에 두 가지 놀라운 일이 생긴다. 첫째는 하나님의 아들을 믿는 것이고, 둘째는 하나님의 아들을 아는 것에 하나가 된다는 것이다. 우리 대부분은 지도자가 유능하고 올곧으면, 구성원들 역시 하나가 될 수밖에 없음을 잘 알고 있다. 필자 역시 사역해오면서 이런 일을 수도 없이 많이 겪었다.

내가 '하나 됨'이라고 말하는 것은, 단지 분열과 다툼이 없는 정도를 뜻하는 것이 아니다. 독재자 아래서도 분열이나 다툼은 별로 일어나지 않는다. 분열분자는 보통 처형되거나 감옥에 가두기 때문이다. 그러나 진정한 하나 됨은 마음에서 일어난다. 사람이 하나 되어 살면 성령님의 다스림 아래서 마음부터 조화되어 하나 됨이 샘솟는다. 이러한 상태를 흔히 '성령의 하나 되게 하심'이라고 한다. 이런 상태는 억지로 만들거나 조작될 수 있는 성질의 것이 아니다.

필자가 목사로 섬기는 교회는 최근 결정해야 할 많은 중대한 일에 직면해 있었다. 나는 전 교인이 하나 되어 대부분의 문제를 해결해 왔음을 말하게 되어 기쁘다. 그런 일들이 너무나 깔끔하게 처리되어서 믿기지 않을 정도이다. 우리가 그런 하나 됨을 스스로 만들어 낼 수 있다는 말은 망상이다. 다만 우리는 함께 하나님의 뜻을 간절히 구했다. 그분은 우리 기도의 응답으로 그러한 일치와 하나 됨을 허락하셨다.

나는 이러한 결과가 참된 것을 알고 다른 사람들에게 이것을 떠먹여 주는 한 지도자가 애쓴 덕이라고 생각하지 않는다. 오히려 섬기는 지도자는 교인 전체를 위해 그리고 그들을 위해 하나님의 뜻을 구하는 일에 모든 사람을 동참시키려고 노력한다. 우리가 함께 주님을 구하고, 그분의 말씀을 연구하며 기도할 때, 하나님은 우리에게 마음과 뜻의 하나 됨을 허락하신다.

또 바울이 그리스도에 '관한' 지식이 아니라 '그리스도의' 지식을 가르쳤음에 주의하자. 이것 역시 섬기는 지도자가 해야 할 일이다. 그리스도에 관해 아는 데에 그치지 않고 그분을 구주로서 친근히 알게 해야 한다! 그런 다음에야 그리스도를 알고 믿음 안에서 장성하도록 주변의 그리스도인들을 이끌 수 있다. 그러면 이런 지도자는 마침내 어디로 우리를 인도하는지 알아보자. "그리스도의 장성한 분량이 충만한 데까지 이르리니"(엡 4:13).

요약하면, 주님께서는 교회에 지도자의 은사를 주셔서 하나님의 백성을 온전하게 하셨다. 그분은 성도들이 서로 사역(봉사)하게 하는 목적을 두고 이렇게 하셨다. 이러한 '서로 봉사하는 일'로 말미암아 우리는 그리스도의 몸이 된다. 이러한 '섬김'의 궁극적인 결과는 영광스럽게도 우리 모두가 예수 그리스도의 인격과 성품의 충만한 데까지 성장하는 것으로 나타난다! 달리 말해 우리가 더욱더 예수님과 같은 모습으로 성장한다는 것이다!

이러한 목표에 도달할 때 모든 성도는 승자요 패자란 아무도 없다! 우리는 누구에게 무엇을 빼앗아 다른 사람에게 주지 않는다. 모두에게 하나님의 사랑과 은혜, 그리고 권능이 충만하게 임한다! 섬기는 지도자인 우리는 성도들이 자라서 창조된 본연의 모습, 곧 예수 그리스도와 같이 되도록 돕는다는 기쁨을 누린다. 나는 우리가 '하나님의 형상'(창 1:27)으로 창조되었다는 창세기 기사의 깊은 뜻이 여기 있다고 믿는다. 죄는 이 형상을 철저하게 왜곡하였다. 오직 그리스도만이 그 형상을 우리에게 돌려 주실 수 있다! 그리스도는 우리가 섬기는 지도자가 되어 그분을 닮는 사람들이 되도록 서로 세울 때 그 일을 우리에게 행하신다! 이것이 교회와 섬기는 지도자가 존재하는 궁극적인 목적이다!

두 번째 모델

우리가 짚고 넘어가야 할 두 번째 중요한 모델이 있다. 성경에서 발견되는 모든 지도자 유형 가운데서 이것이 가장 간결한 모델이다. 그 모델은 바로 이것이다. "내가 그리스도를 본받는 자 된 것 같이 너희는 나를 본받는 자가 되라"(고전 11:1).
다른 말로 하면 "내가 그리스도를 따른 것같이 너희도 나를 따르라"는 것이다.

어떤 사람들은 이 말이 너무 건방지고 자기중심적이라고 생각한다. 사실 많은 사역자들이 이 가르침을 싫어한다. 이 말씀은 겁을 먹게 하고 사람을 편안하게 해주지 않기 때문이다.

그러면 바울은 다른 사람을 이끌기에 앞서 지도자 자신이 완벽해야 한다고 가르치는 것일까? 물론 아니다. 바울은 자신이 불완전한 사람임을 누구보다 잘 알고 있었다. 한 서신에서 그는 이렇게 고백한다. "내가 이미 얻었다 함도 아니요 온전히 이루었다 함도 아니라 오직 내가 예수 그리스도께 잡힌 바 된 그것을 잡으려고 달려가노라"(빌 3:12).

바울이 이 지도자 모델에서 말하려는 주안점은 아주 다른 것이다. 그는 한가지로 '권고'를 주려는 목적이다. 바울은 자기처럼 그의 편지를 읽는 사람들 역시 주님을 따르게 하려는 의도로 이렇게 말한 것이다. 다르게 말해서, "제가 여러분을 돕겠습니다. 제가 그리스도를 따를 때, 여러분은 나를 따르십시오. 내가 길을 안내하겠습니다. 저는 그리스도의 종입니다. 그분이 저를 불러 여러분이 그분을 따르려 할 때 여러분을 섬기게 하셨습니다." 이 말은 분명히 종의 말이지, 건방진 자아도 취자의 말이 아니다.

그러나 우리에게 이 유형의 모델은 왠지 겁에 질리게 한다. 여기에는 모험이 요구된다. 사람들에게 우리를 주목하고 우리를 따르며, 또 우리를 믿으라고 강요하는 것 같으므로 괜히 기가 죽게 만든다. 그러나 여기의 전제는 주님을 향한 우리의 충직함 때문에 우리를 보고 따르며 믿으라는 것이다.

그러나 즉시 우리의 힘으로는 다른 사람이 본받아야 마땅한 본이 될 수 없음을 강조하고 싶다. 진실로 우리는 그리스도인으로서 함께 순례의 길을 가면서, 유기체적으로 하나 된 삶과 증거를 위해 서로 책임을 나누고 있다. 우리를 나아가게 하시는 주님의 지도 아래 우리는 서로서로 책임을 지고 있다.

여기서 우리는 존스타운(Jonestown)의 비극적인 교훈을 기억할 필요가 있다. 짐 존스(Jim Jones)가 시골 교회의 지도자가 되었을 때, 그는 신실하고 충성된 예수 그리스도의 종으로 보였다. 그는 사람들로 하여금 예수님을 따르고 교회의 지체가 되게 하였으며, 가난하고 곤경에 처한 사람들을 돕기 위해 애썼다. 그러나 어떤 시기에 이르자, 짐 존스는 이 지도 방침을 바꿨다. 그때 얼마나 많은 사람이 그에게 책임을 추궁하려고 했는지 알려진 바가 없다. 다만 많은 추종자들이 예수 그리스도에게서 눈을 돌리고 짐 존스를 맹목적으로 따랐던 것이다. 그들은 그릇된 지도자를 따랐고, 그 결과는 너무나 큰 재앙을 불러왔다. [1978년 11월 18일, 남아메리카의 국가 가이아나의 요릭 타운에서 벌어진 미국의 사이비 교주 짐 존스가 창시한 기독교계 사이비 종교인 구주의 사도 인민사원(People's Temple of the Disciples of Christ)의 집단 자살 사건이다. 이는 미국을 넘어 아메리카 대륙 역사상 900명 이상의 희생자가 생긴 최대의 집단 자살 사건이다. -역자 주]

심지어는 교회 지도자 중에서도 자기 고집대로 길을 가고 하나님의 나라보다는 자기 아성을 쌓는 사람들이 있다. 이런 지도자들은 하나님의 계획보다는 자기 계획을 늘 앞세운다. 그들은 다른 사람들을 그리스도 안에 있는 믿음으로 자유하게 하기보다는 그들의 생활을 좌지우지하는 데 흥미를 느끼고 있는 것 같다.

바울은 개인숭배와 교회 내의 분파주의에 관해 고린도 교인들에게 경계하면서 이런 경향을 경고하고 있다. 이런 경향은 예수님을 주님으로 따르기보다는 사람을 최고의 지도자로 여기며 따르는 데서 비롯된다. 바울은 이런 내용으로 이 문제를 보여주었다. "내가 이것을 말하거니와 너희가 각각 이르되 나는 바울에게, 나는 아볼로에게, 나는 게바에게, 나는 그리스도에게 속한 자라 한다는 것이니"(고전 1:12).

다행히도 우리 대부분은 적절한 때에 섬기는 지도자를 만난 경험을 가지고 있다. 필자의 아버지는 섬기는 지도자의 한 분이셨다. 내가 어린아이일 때부터 아버지의 가장 큰 소원은 하나님의 뜻을 행하고 사람들을 섬기며 돕는 것임을 의심해 본 적이 없다. 그 결과 아버지는 자신이 사랑으로 섬기기 위하여 자기 삶을 투자한 많은 사람들로부터 말로 형언하지 못할 사랑을 받으셨다.

아버지는 미국 중서부의 소도시 교회들을 섬기는 사역을 하셨다. 아버지가 목사로서 사역하실 때, 교회뿐 아니라 지역 사회 역시 아버지께 많은 기대를 걸었다. 나는 아버지가 '격에 안 맞는다'는 이유로 사람들을 섬기는 일을 거절하는 모습을 본 적이 없다. 필자의 나이 12살 때, 그분이 얼마나 섬기는 성품을 지닌 분이었는가를 보여주는 사건이 일어났다.

그때 아버지와 나는 남부 다코타 마을의 중앙로를 걷고 있었다. 그 거리 한편에 마침 많은 사람이 비틀거리다가 쓰러진 그 마을의 주정꾼 주변에 몰려 있었다. 아버지는 모여든 사람들 틈을 헤쳐 말없이 그에게로 가셨다. 그러더니 온몸이 토한 오물로 뒤범벅되어 있고 의식을 잃은 그를 향해 무릎을 꿇고 자세히 들여다보셨다. 주위에 있던 사람들은 아버지를 조롱하기 시작했다. 그러나 아버지는 그들에게 아무 대꾸도 하지 않고는, 나를 불러 그의 발을 들게 했다. 그리고 우리는 그를 그의 집에 데려다주었고, 그의 냄새나는 몸을 씻기고 침대에 눕혔다.

그 일은 어린 내 마음과 뇌리에 깊이 박혔다. 아버지가 나에게 섬기는 지도자의 이상적인 모델이었던 수십 년의 세월 동안 그 같은 일은 여러 번 일어났다. 나는 아버지의 모범에 언제나 감사한다.

나는 이 책을 읽는 독자들도 이 같은 본을 보여준 사람의 모습을 다른 사람들에게 진지하게 반영해 보라고 권하고 싶다. 독자들이 그렇게 할 때, 나타나게 될 공통적인 결과에 대해 언급하고자 한다. 먼저, 우리에게 본을 보여준 사람들은 완전하지 않다는 사실을 알아야 한다. 사실 우리 중 누구도 예수 그리스도를 빼놓고는 완전하지 않다. 이렇게 볼 때 하나님은 다른 사람들을 이끄는 사람으로서 완벽하지 않은 사람들을 쓰신다는 사실을 배워야 한다!

또한 우리가 얻어야 할 아주 중요한 두 번째의 깨달음이 있다. 우리는 본이 되는 섬기는 지도자의 힘 있는 모습과 성공을 통해서뿐 아니라, 그들의 약함과 실패를 통해서도 배우게 된다는 점이다. 우리가 하나님 때문에 실패하지는 않는다. 우리가 부족함을 회개하면 그분은 우리를 용서해 주시고, 그런 실패조차도 다른 사람들에게 봉사하는 은혜의 도구로 삼으신다. 그것은 그분의 미쁘심을 단적으로 보여주는 좋은 예가 된다. 우리를 따르는 사람들이 우리의 실패를 통해서도 배울 수 있음을 인정하는 것은 참으로 겸손한 태도이다. 물론 그렇다고 해서 실패해도 좋다는 뜻은 아니다. 그것은 우리 주님의 은혜와 선하심을 드러내는 증거로 쓰일 뿐이다.

마지막으로 적절한 때 실패를 거듭함으로써, 우리에게 섬기는 지도자의 본을 보여주신 분들에게 감사하는 마음을 품게 된다는 것이다. 사람들은 종의 직책을 맡은 사람을 볼 때, 아무리 섬기는 지도자라고 하더라도 감사받거나 인정받을 필요가 없는 지도자들처럼 단정하게 된다. 우리는 그들을 종처럼 대하려고 하는 경향이 있다. 필자는 교회에서 가장 무시되는 사역 가운데 하나가 그리스도의 신실한 종들을 격려하고 그들에게 감사를 표현하는 일이 아닌가 생각한다. 나는 만일 독자들이 사랑과 감사라는 중요한 행위에 관하여 '뒤처져' 있다면, 그런 섬기는 본을 보여 온 이들에게 사랑과 감사의 마음 표현하기를 주저하지 말기를 기원한다.

하나님은 우리가 따를 본을 보여주셨다. 성경에 우리에게 제시하고 있는 모범적인 지도자들이 있다. 우선, 나는 독자들이 앞에서 다룬 두 본문을 더 깊이 살펴봄으로써 이 모범들을 자세히 공부하라고 권하고 싶다. 그것들을 더 깊이 연구하면서, 어떻게 이런 모범들을 우리 삶과 사역에 실천적으로 적용해야 할 것인지 하나님께서 더 깊은 진리를 계시해 주시기를 간구하라.

둘째로, 하나님은 섬기는 지도자로서 큰 모범을 보여준 특출한 인물들을 만나게 하셨다. 대부분의 섬기는 지도자들은 어떤 사람들의 삶에 계속 큰 영향을 주며 잊을 수 없는 지도자로서 기억된다. 그것은 하나님의 자비와 은혜의 빛나는 사슬과도 같다. 우리가 우리를 따르는 사람들을 섬기는 지도자의 자세로 섬길 때, 하나님은 우리에게 섬기는 지도자를 주신다.

셋째로, 하나님은 우리에게 섬기는 지도자의 완벽한 본을 보여주셨다. 그분은 지상에 계시는 33년 동안 우리 가운데 사셨고, 3년 동안 온 힘을 다해 사역하셨다. 진정 섬기는 지도자가 되기 원하는 사람이라면 예수 그리스도의 삶을 살피는 것이 무엇보다도 중요하다. 인류 역사를 통틀어 그분은 효과적으로 섬기는 지도자의 최고 모범이셨다.

공부할 문제

1. 섬기는 지도자는 어떤 정황에서 생겨나야 하는가? 그리고 그 이유는 무엇인가?

2. 사도 바울이 에베소서 4장에서 우리에게 보여주는 섬기는 지도자의 모델을 간략히 설명해 보라.

3. 섬기는 지도자는 어떻게 해서 연합이라는 결과를 낳는가?

4. 바울이 고린도전서 11장 1절에서 보여주는 섬기는 지도자의 간략한 모델을 설명해 보라.

5. 이 두 모델은 우리와 또 지도자로서의 우리의 역할에 어떻게 관련되는가?

제5장

섬기는 지도자
이상적인 모델

섬기는 지도자는 하나님께서 그에게 주신 것이 무엇이든

다른 사람들에게 그것을 줄 준비가 되어 있어야 한다.

섬기는 지도자에게 자기 것이라고는 아무것도 없다.

그가 소유한 모든 것은 주님께서 주신 것이고,

따라서 그것을 필요로 하는 어떤 사람에게나

쉽게 줄 수 있다.

"내가 주와 또는 선생이 되어 너희 발을 씻었으니 너희

도 서로 발을 씻어주는 것이 옳으니라 내가 너희에게 행

한 것같이 너희도 행하게 하려 하여 본을 보였노라"(요

13:14-15).

그곳에 모인 자리의 분위기는 자못 엄숙했다. 때는 유월절
바로 직전이었다. 몇 시간 안에 가룟 유다는 예수님을 배반할
것이다. 그분은 이 자리가 십자가에 못 박혀 돌아가시기 전 제
자들과 함께하는 마지막 만찬임을 아셨다.

예수님은 아무 말씀도 하지 않으시고 식탁에서 일어나 겉옷
을 벗으시더니 허리에 수건을 동이셨다. 이렇게 하신 후 대야
에 물을 붓고 제자들의 발을 씻기시고 수건으로 그들의 발을
닦아 주셨다(요 13:4-5).

제자들 대부분은 아무 말도 하지 않았다. 누구도 그분을 도
우려 하지도 않았다. 그들은 그냥 섬김을 받고 있었다. 오직
베드로만이 항변했다. 그러나 주님께서는 이를 통해 베드로
에게 섬기는 지도자에 관한 중요한 교훈을 주셨다. "내가 너
를 씻어주지 아니하면 네가 나와 상관이 없느니라 시몬 베드
로가 이르되 주여 내 발뿐 아니라 손과 머리도 씻어주옵소서"(
요 13:8-9).

예수님께서 제자들의 발 씻기기를 마치시자, 다시 옷을 입으시고 원래의 자리로 돌아가셨다. 그리고 제자들에게 이렇게 물으셨다. "내가 너희에게 행한 것을 너희가 아느냐?"

침묵이 흘렀다. 그러자 주님께서 말씀을 이으셨다. "너희가 나를 선생이라 또는 주라 하니 너희 말이 옳도다 내가 그러하다 내가 주와 또는 선생이 되어 너희 발을 씻었으니 너희도 서로 발을 씻어주는 것이 옳으니라 내가 너희에게 행한 것 같이 너희도 행하게 하려 하여 본을 보였노라"(요 13:13-15).

"내가 본을 보였노라!" 본을 보이는 것이야말로 예수님의 삶과 사역에서 뼈대를 이루는 요소 가운데 하나이다. 그분은 진리를 '말씀'하시기만 한 것이 아니라, 진리를 '살아 보이'셨다! 우리에게 이런저런 것을 하라고 말씀만 하신 것이 아니라 본을 보이셨다. 그분이 우리에게 앞서서 섬기는 지도자의 삶을 사셨으므로, 우리는 그분의 본을 따를 수 있다.

그분은 그 기억할 만한 행동을 통해 어찌할 바를 모르는 제자들에게 섬기는 지도자의 본에 대해 무엇인가를 설명해 주셨다. 이렇게 말씀하신다. "내가 진실로 진실로 너희에게 이르노니 종이 주인보다 크지 못하고 보냄을 받은 자가 보낸 자보다 크지 못하나니 너희가 이것을 알고 행하면 복이 있으리라"(요 13:16-17).

그분의 이 가르침은 모호하지 않다. 단순한 본을 보이거나 본으로 인해 칭송받는 것으로는 안 된다. 반드시 본받아야 한다. 예수님은 제자들과 우리에게 본이 되시므로, 우리는 그분이 사신대로 살아야 한다. 다른 사람들이 보여준 본을 보고 그것을 인정하는 것도 매우 중요하다. 그러나 그러한 본에서 얻을 수 있는 가장 큰 유익은 바로 같은 일을 하는 데 있다. 예수님은 말씀하신다. "내가 말하는 것을 행하라. 내가 한대로 너희도 행하라. 내가 너희에게 진리를 가르쳤다. 그리고 너희 앞에서 진리를 살아 보였다. 자, 나의 본을 따르라!"

본에서 배울 것들

우리는 예수님이 별 뜻도 없이 최후의 만찬에서 제자들에게 이러한 가르침을 주셨다고 생각해서는 안 된다. 그분은 이 땅에서 제자들과 보낼 수 있는 마지막 시간이 오기 전에 그들에게 본을 보이는 사역을 전개하시기 위해 서두르셨다. 그분은 항구적이고 언제나 유효한 사역의 본이다. 사실 여기 '사역'이라는 말은 '섬김'을 의미한다. 사역자가 되기 위해서는 종이 되어야 한다.

예수님은 3년이라는 집약적인 사역 기간 어디를 가시든지 제자들을 대동하셨다. 그들은 그분이 가르치시는 말씀을 들었고, 배고픈 자들을 먹이시는 모습을 보았으며, 눈먼 자를 보게 하고, 듣지 못하는 자를 듣게 하며, 걷지 못하는 자를 걷게 하고, 심지어 죽은 자를 살리시는 기적을 보기도 했다. 그분은 언제나 그들을 위해 섬김의 사역의 본을 보이셨다. 그들은 교실에 앉아서 신학적 진리를 배우지 않았지만, 그들이 예수님을 따를 때, 그분은 그들에게 매일 매일 살아 있는 본이 되셨던 것이다.

의심할 여지 없이, 이런 모습은 예수님의 제자들에게 깊은 영향을 끼쳤다. 그들은 단순히 이론을 배운 것이 아니었다. 그들은 눈앞에 펼쳐지고 있던 진리를 경험했고 증언했다. 베드로는 그의 첫 서신에서 예수님이 보여주신 모범에 대해 이렇게 회상하고 있다. "이를 위하여 너희가 부르심을 받았으니 그리스도도 너희를 위하여 고난을 받으사 너희에게 본을 끼쳐 그 자취를 따라오게 하려 하셨느니라"(벧전 2:21).

베드로는 예수님의 이 본을 증언했을 뿐 아니라 다른 사람들에게, 심지어 개인적으로 예수님을 만나보지 못한 사람들에게까지 그 본을 따르라고 가르쳤다. 왜냐하면 많은 사람이 그리스도께서 죽으셨다 부활하시고 승천한 후에야 믿고 나왔기 때문이다. 베드로는 우리가 "그분의 발자취를 따라야" 한다고 분명히 선언하고 있다.

만일 우리가 섬기는 지도자에 대해 진지하게 생각한다면, 예수님의 발자취를 따르는 것은 절대적으로 필요하다. 주님은 우리를 부르사 사람들이 당연시하지 않는 지도자가 되게 하셨다. 아무리 이상적으로 표현한다 하더라도, 그것은 역설적인 지도자상이 아닐 수 없다. 그분이 깊게 괴로워하고 낙심하시던 그날 밤, 죽음과 고통, 수모가 한 시간 앞에서 자신을 기다리고 있음을 아셨을 때, 그분도 제자들의 사랑과 후원 그리고 격려가 필요했다. 그분의 생애 중에 가장 곤고했던 그 시간에 제자들이 그분을 돕고 섬기는 것이 필요했다. 잠시 후면 가장 가깝고 신뢰하던 친구 중 하나가 그분을 배신할 것이다. 조금 더 적나라하게 말하면 은 30에 스승인 그를 팔 것이다. 그분은 참을 수 없는 극심한 슬픔과 고통에 휩싸이지 않을 수 없었다.

그러나 누구도 그분을 섬기지 않았다. 그 누구도 그분을 섬기려고 나서지 않았다. 아무도 그분의 필요를 돌아보지 않았다. 오히려 그분이 제자들에게 봉사하셨다. 그분은 가장 비천한 일을 자청하셨다. 몸소 제자들, 아니 심지어 잠시 후에 자신을 팔 유다의 발까지 씻기셨다. 소수의 제자들만이 관심을 가지고 신경을 쓰는 것처럼 보였다. 아마도 그들은 평소처럼 식탁에서 이야기를 나누고 있었을 것이다. 그들이 평소에 소재로 삼던 대화는 하나님의 나라에서 누가 더 큰 자가 될 것인가 하는 것이었다. '누가 그리스도의 우편과 좌편에 앉게 될 것인가?' 그들 한 사람 한 사람은 모두 자기가 그 자리에 적격이라고 생각하고 있는 것 같았다.

그들에게는 영광과 명예가 그 무엇보다 중요한 것이었다. 그들은 그분의 고난과 죽음에 관한 가르침을 좋아하지 않았다. 수개월 동안 예수님은 제자들로 하여금 그분의 임박한 고난과 죽음을 준비하도록 가르치셨다. 그러나 그들은 들으려고 하지 않았다. 오히려 그들은 왕국과 권능, 영광에 관해서만 말하려고 했다. 그들은 하나님 나라에서 지도자가 되기를 원했다. 그들 어머니 중의 한 사람은 제자들 사이에서 벌어진 권력 암투에 연루되기까지 했다.

세베대의 아들들인 야고보와 요한의 어머니는 아들들을 데리고 예수님께 나아와 호소했다. 예수님은 그녀에게 무엇을 원하느냐고 물으셨고, 그녀는 "나의 이 두 아들을 주의 나라에서 하나는 주의 우편에, 하나는 주의 좌편에 앉게 명하소서"(마 20:20-21)라고 청하였다. 이 무슨 말도 안 되는 간청인가! 아마도 야고보와 요한은 너무 수줍음을 탔거나 아니면 사랑하는 어머니의 간청이라면 예수님이 거절하기 힘드시리라 생각했는지 모른다. 아무튼 이유가 무엇이었든 간에, 그들의 어머니는 이런 불가능한 것을 예수님께 구했다.

주님은 참된 것을 말씀하시는 것으로 그들의 청에 답하셨다. "너희는 너희가 구하는 것을 알지 못하는도다." 그리고 요한과 야고보에게 이렇게 물으셨다. "내가 마시려는 잔을 너희가 마실 수 있느냐?" 이에 그들은 주저함 없이 "할 수 있나이다"라고 대답했다. 그들은 자기들이 무슨 말을 하고 있는지 몰랐음이 틀림없다. 질문의 뜻을 이해하지 못했기 때문에, 그들이 간청드린 바가 시사하는 내용을 헤아릴 수 없는 것은 당연했다. 그들은 왜 다투고 있는지도 몰랐다. 그들은 그분이 말씀하신 '내가 마시려는 잔'이 무엇을 의미하는지 전혀 깜깜할 뿐이었다.

그들의 눈은 예수님께 맞추어져 있지 않았고, 그들의 마음은 그분의 마음과 공명을 일으키지도 못했다. 그들은 자신에게만 집착하고 있었을 뿐이다. 그들은 권력, 특권, 인기를 원했다. 그들은 하나님 나라에서 가장 큰 자가 되길 원했고, 순진하게도 자기들이 그럴 자격이 있다고 생각했다. 그들은 스스로 가장 큰 자라고 여겼고, 그 점에 있어서 그들의 어머니 역시 한 부류였다.

다른 열 명의 제자들이 이렇게 되어 가는 형국을 보자, 그들은 화를 내며 불만을 터뜨렸다. 나는 그들이 야고보와 요한 및 그들의 어머니가 그러한 요청을 드렸다고 해서 분개하지는 않았다고 생각한다. 오히려 그들은 먼저 그런 묘안을 떠올리지 못했기 때문에 자기 어머니들이 그들을 위해 예수님께 이런 간청을 드리지 못했다는 사실에 마음이 상했을 것이다. 야고보와 요한은 약삭빠르게 그들을 '따돌렸다'. 그들은 '나머지 열 제자들보다 한 수 위'였다.

제자들이 마치 어린아이처럼 다투고 자기 생각과 의견을 고집하고 있을 때, 예수님은 그들 모두를 부르시고 이렇게 말씀하셨다. "이방인의 집권자들이 그들을 임의로 주관하고 그 고관들이 그들에게 권세를 부리는 줄을 너희가 알거니와 너희 중에는 그렇지 않아야 하나니 … 너희 중에 누구든지 으뜸이 되고자 하는 자는 너희 종이 되어야 하리라 인자가 온 것은 섬김을 받으려 함이 아니라 도리어 섬기려 하고 자기 목숨을 많은 사람의 대속물로 주려 함이니라"(마 20:25-28).

참으로 역설적인 내용의 말씀이 아닐 수 없다. 우리는 이 말씀을 이해할 수 있겠는가? 제자들은 누가 하나님 나라에서 가장 큰가를 놓고 서로 다투고 있었다. 그런데 예수님은 그들에게 종이 되라고 말씀하신 것이다. 아마 이때 우리의 첫 번째 인간적인 반응은 "아무렴, 큰 그릇이 높은 자리에 앉아야

지!"라는 것일 수 있다. 그러나 예수님의 가르침을 우리의 삶과 개인적 정황에 적용하기 시작하면, 그분이 우리에게 보여주신 지도자로서의 본을 따라야겠다는 각오와 열심이 간데없이 식을지도 모른다. 예수님이 우리에게 들려주신 이 역설적인 말씀 가운데는 그분의 지도자상에 관한 세 가지 중요한 원칙이 들어 있다.

1. 큰 자가 되고자 하면, 섬기는 자가 되어야 한다.

예수님이 가르치신 첫 번째 원리는 먼저 자기 삶에서, 그리고 우리 모두 가운데서 '크게' 되고자 하는 사람들을 겨냥한 것이다. 우리 모두는 보통과 평범 이상을 원한다. 필자는 북부 미네소타에서 자라던 소년 시절, 친구들과 함께 '산중 임금'이라고 부르던 놀이를 즐겨 했다. 이 게임은 눈더미 맨 꼭대기라는 최고의 자리를 얻는 것이었다. 이때 그 자리를 차지하기 위해서는 다른 친구들을 모조리 밀쳐내야 한다.

우리 대부분은 이런저런 모습으로 어린아이 때부터 그런 종류의 놀이를 해왔다. 우리는 가장 큰 자가 되기를 원하고, 무엇을 하든지 최고가 되기를 소망한다. 그러려면 파워 게임, 정치, 돈 혹은 협박 등 필요하다면 무엇이든지 동원하여 다른 사람들을 '산 밑으로' 밀어내야 한다. 파워 게임은 중상모략, 비방, 혹은 '내가 올라가기' 위해 '다른 사람을 깎아내리는' 유치한 행동을 가리지 않는다.

달리 말해서 많은 사람이 정치력이나 가문의 세도를 써서 지도자의 자리에 앉거나, 혹은 언젠가 누군가의 뒤를 보아준 정분을 '내세워서' 그 지위를 사 왔다는 것이다. 세상에서는 이런 술수가 통한다. 그래서 야고보와 요한은 이런 방법이 예수님께도 통하리라고 생각한 것도 무리는 아니다. 그러나 실상은 달랐다. 그리고 이 점은 우리에게도 마찬가지이다.

예수님은 우리가 그 영원한 왕국에서 진정 큰 자가 되고자 한다면, 자청하여 종이 되어야 한다고 말씀하셨다. 우리는 그분과 다른 사람들을 적극적으로 섬겨야 한다. 그분의 가르침은 우리가 더 적극적으로 섬기면 섬길수록, 우리가 그분의 나라에서 더 큰 사람이 된다고 암시하는 듯하다. 이것은 진리의 역설이 아닐 수 없다. 기꺼이 종이 되려는 사람은 '크게' 섬김을 받는 자리나 일에 대해 전혀 신경을 쓰지 않는다.

2. 으뜸이 되고자 하면 종이 되어야 한다.

예수님이 가르쳐 주신 두 번째 원리는 '일류'가 되려는 사람들을 겨냥한 것이다. 이 원리는 크고자 하는 경우와 다를 것이 없다. 그러나 크고자 하는 욕망에서는 그래도 몇 사람 정도는 인정하는 여백의 자리가 있다. 제자들은 이 점을 간파하고 있었다. 그들은 예수님께 뽑혀 열두 제자라는 엘리트 집단에 낀 사람들이었다. 그들은 이 세상에서 다시 없는 열두 명의 제자 가운데 끼어 있던 사람들이었다.

그러나 이것으로 충분하지 못했다. 그들은 으뜸이 되고자 했다. 야고보와 요한은 열두 제자 가운데 끼었을뿐더러, 세 명이라는 더 선택된 핵심 집단에 들어간 사람들이었다. 우리는 복음서에 야고보, 요한 그리고 베드로가 이를테면 변화산 사건과 같이 어떤 절정에서 예수님과 동행했음을 여러 차례 읽을 수 있다. 그러나 야고보와 요한은 수제자인 베드로를 납작하게 누르고, 3인의 친위(親衞) 집단을 2인으로 줄이려고 하였다. 그들은 어머니를 예수님께 보내서 '사전포석'을 하게 하는 것으로 전략을 삼았다. 야고보와 요한은 베드로가 말 한마디라도 꺼내기 전에, 그가 역공할 여유를 주지 않고, 그들의 위대함을 공고히 하려 했다.

이 얼마나 명석한 계획이고 치밀한 전략인가! 물론 누가 예수님의 오른편, 왼편에 앉게 될 것인가는 예수님께 맡기기로 한 것이다. 내심 야고보와 요한은 더 큰 영광의 자리, 곧 예수님의 오른편에 앉을 자격이 각각 자기에게 있다고 생각했을 것이다. 그러나 그들은 형제였기 때문에 '행동 통일'을 하기로 했다. 둘 중 한 사람이 상석에 앉고 나머지 한 사람이 그 뒤를 바짝 쫓아 차석(次席)에 앉기로 한 것이다.

'일등', 그리고 '위대한 사람'이 되고자 하는 열망은 교회에서도 심심치 않게 발견된다. 필자가 처음 사역을 시작했을 때, 몇몇 빌리 그래함 전도단(Billy Graham Crusades)에서 협동 목사로 일한 적이 있다. 그때 나는 저명한 목사들, 그리고 기독 실업인들과 긴밀하게 연결되어 사역을 했는데, 감투와 좋은 자리를 차지하기 위한 계략과 술수가 성행하는 것을 보고 놀라움과 실망을 감출 수 없었다. 그들은 그래함 목사님이 실제적인 전도단 사역을 위해 그 도시에 도착하기 전까지는 일을 미루고 빈둥거리거나 아니면 아무 일도 하지 않기가 일쑤였다. 그래함 목사님이 나타나기 전까지는 마른나무처럼 가만히 있던 그들이 그분만 나타나면 앞으로 뛰쳐나오는 것이었다.

그들은 한결같이 그래함 목사님에게 접근하기를 원했다. 그들은 오찬 식탁이나 전도단 단상에 앉을 때 '상석' 혹은 '일등석'에 앉으려고 무진 애를 썼다. 그들은 하나같이 가장 큰 사람, 으뜸이 되는 사람이 되길 원했다.

그와는 반대로 대부분의 목사님과 평신도 지도자들은 전도단을 위해 준비하는 수개월 동안 묵묵히 그리고 아주 효과적으로 섬김의 수고를 했던 것이다. 그들은 누가 크냐를 생각하지 않았고, 누가 영광을 받을 것이냐 혹은 누가 으뜸이 될 것이냐를 신경 쓰지 않았다. 그들은 진정 섬기는 지도자들로서 주님과 다른 이들을 섬겼다.

3. 우리는 예수님의 본을 따라야 한다.

그분의 가르침에는 언제나 실천적인 모범이 뒤따른다. 그분은 섬기는 지도자가 어떻게 움직여야 하는가를 보여주는 지고한 본보기이시다. 한번 생각해 보라. 우주를 다스리시는 주님께서 종으로 이 땅에 오셨다. 그분은 오셔서 섬기셨다. 그리고 섬기실 뿐 아니라 많은 사람을 위해 자기 목숨을 대속물로 주셨다(마 20:28). 다른 지도자들이 취하고자 할 때 예수님은 주셨다. 다른 지도자들이 그들 곁에 노예와 종들을 두고 그들로 하여금 시중을 드는 손발이 되게 했을 때, 예수님은 섬기셨다.

예수님이 우리에게 보이신 모범은 얼마나 놀라운 것인지 모른다. 그리스도인 지도자에 관한 그분의 진술은 얼마나 힘이 있는지 다 헤아리기 어렵다. 우리가 따르고 본받아야 할 모범은 얼마나 확고한지 모른다. 마태복음 20장 28절에는 섬기는 지도자에 관한 두 가지 기본적인 요소가 나타나 있다. 우리가 견실한 섬기는 지도자가 되려면, 이를 반드시 이행하지 않으면 안 된다.

⑴ 섬김 : 섬김은 중심적인 것이다. 섬김은 명령이다. 하나님은 섬기라고 우리를 부르셨다. 예수님의 사랑으로, 또 성령님의 권능 안에서 사람들이 가지고 있는 심령의 필요를 채우는 것이다.

우리는 어떻게 섬겨야 하는가? 예수님이 하신 대로 섬겨야 한다. 그분은 종의 완전한 모형이시다. 복음서는 이 점을 아주 뚜렷하게 보여준다. 우리는 그분이 자신을 낮추셨고 자기를 비우셨으며 종의 형체를 취하셨다고 말하는 바울의 서신에서도 이 점을 확인할 수 있다(빌 2:7-8). 그분은 단순히 종처럼 '행동'하신 것이 아니라, 진짜 종이 되신 것이다.

⑵ 내어줌 : 예수님은 자기 목숨을 많은 사람을 위해 대속물로 내주기 위해 오셨다고 말씀한다. 섬기는 지도자로서 우리는 다른 사람에게 내어줄 준비가 되어 있어야 한다. 아니 우리의 생명을 다른 사람을 위해 내어줄 준비가 되어 있어야 하는 것이다. 주님의 사랑하는 제자 요한은 이 점을 이렇게 표현했다. "그가 우리를 위하여 목숨을 버리셨으니 우리가 이로써 사랑을 알고 우리도 형제들을 위하여 목숨을 버리는 것이 마땅하니라"(요일 3:16).

요한은 그러면 과연 어떻게 해야 이러한 '내어줌'이 실현되겠는가에 관한 실천적인 모범도 제시하고 있다. "누가 이 세상의 재물을 가지고 형제의 궁핍함을 보고도 도와 줄 마음을 닫으면 하나님의 사랑이 어찌 그 속에 거하겠느냐 자녀들아 우리가 말과 혀로만 사랑하지 말고 행함과 진실함으로 하자"(요일 3:17-18).

이 말씀이 뜻하는 바는 명확하다. 섬기는 지도자는 하나님께서 그에게 주신 것이 무엇이든 다른 사람들에게 그것을 줄 준비가 되어 있어야 한다는 것이다. 섬기는 지도자에게 자기 것이라고는 아무것도 없다. 그가 소유한 모든 것은 주님께서 주신 것이고, 따라서 그것을 필요로 하는 누구에게나 쉽게 줄 수 있어야 한다.

로버트 소시(Robert Saucy) 박사는 이 원리를 잘 이해하였다. 그래서 그는 이런 말을 남겼다. "어떤 사람들은 오늘날 새로운 지도자상은 종 됨을 내포한다고 말합니다. 조금 더 어울리고 덜 군림하는 지도자말입니다. 그러나 여기에는 현격한 차이가 있습니다. 이러한 새로운 지도자상은 자기 자신이나 사업을 이롭게 하려는 지도자에게 목표 달성을 위한 전략으로 이용됩니다. 그러나 예수님은 종의 역할이나 섬기는 지도자상을 취하는 것에 관해 말씀하신 것이 아닙니다. 그분은 '종이 되는' 일을 말씀하신 것입니다. 현격한 차이점은, 이러한 종은 전적으로 다른 사람들의 유익을 위해 이끈다는 점입니다. 그가 이끄는 사람들이 그의 궁극적인 목표입니다. 그들은 또 다른 목표에 이르기 위한 수단이 아닙니다."[6]

예수님은 이 원리를 다음과 같이 분명하게 가르치셨다. "네게 구하는 자에게 주며 네 것을 가져가는 자에게 다시 달라 하지 말며 남에게 대접을 받고자 하는 대로 너희도 남을 대접하라"(눅 6:30-31). 섬기는 지도자들은 주님께서 주시고 주시고 또 주시는 것처럼 관대하게 주는 자들이다.

공부할 문제

1. 마지막 만찬 때 예수님이 제자들에게 보여주신 섬기는 지도자의 모델은 어떠했는가?

2. 예수님은 어떻게 본을 보이심으로 제자들을 가르치셨는가?

3. 우리는 어떻게 본을 보여줌으로써 다른 사람을 가르칠 수 있는가?

4. 섬기는 지도자 직분에 관한 예수님의 기본적 가르침을 요약해 보라.

5. 섬기고 주는 면에서 예수님은 어떻게 우리에게 본을 보여주셨는가?

제6장

섬기는 지도자
현실적인 모델

하나님은 우리가 다른 사람들의 본이 되길 원하신다.

그러나 우리가 '양무리'의 본이 되기 위해서는

우리 삶의 주님으로서 목자장 되신 이를 따라야 한다.

우리는 성령님께서 우리를 그분의 열매로 가득 채우시고,

우리에게 주시기로 작정하신바

성령의 은사들을 부어주시도록 해드려야 한다.

우리는 주님과 그분의 양 떼를

기쁘게, 열성으로 섬겨야 하고,

우리 주 예수 그리스도의 성품을 반영하는

모범이 되어야 한다.

"너희 중에 있는 하나님의 양 무리를 치되 억지로 하지 말
고 하나님의 뜻을 따라 자원함으로 하며 더러운 이득을
위하여 하지 말고 기꺼이 하며 맡은 자들에게 주장하는
자세를 하지 말고 양 무리의 본이 되라"(벧전 5:2-3).

필자는 거듭거듭 예수님이 섬기는 지도자의 완벽한 본보기
이심을 강조해 왔다. 그분은 우리의 모범이시고 우리는 그분
을 따라야 한다. 그러면 우리는 어떻게 이 를 실현할 수 있는
가? 어떻게 예수님의 본을 따를 것인가? 내가 이해할 수 있고
따를 수 있는 현실적인 모델은 어디에 있는가?

베드로는 그의 첫 서신에서 아주 민감하면서도 매우 적절하
게 우리의 이러한 질문에 답해 주고 있다. 기억하겠지만, 베드
로는 한때 마치 우리가 직면하고 있는 것과 똑같은 난감한 상
황을 경험했다. 그것은 바로 섬기는 지도자상이 오늘 우리에
게 그렇듯이 그에게 낯선 것이었기 때문이다. 물론 그는 우리
가 갖지 못한 장점을 가지고 있었다. 예를 들어 약 3년 동안 섬
기는 지도자의 본을 예수님의 행동 가운데서 개인적으로 관찰
할 수 있었다. 예수님과 동행한 베드로는 매일매일 예수님에
게서 살아있는 섬기는 지도자의 본을 확인할 수 있었다.

수년 후 베드로가 가장 영향력 있는 초대교회 지도자의 한

사람이 되었을 때, 그는 사도였고 교회에서 가장 영향력 있는 지도자의 한 사람이었지만, 다른 지도자들을 향해 "함께 장로 된 자"(벧전 5:1)라고 부르고 있다. 그는 교회의 서열이라든지 정치권력을 염두에 두고 말하고 있지 않다. 그는 예수 그리스도의 겸손하고 사랑스러운 종, 즉 '섬기는 지도자'로서 다른 이들에게 편지했던 것이다!

하나님의 양 떼를 돌본다

베드로가 그리스도인 지도자들에게 주는 첫 번째 교훈은 우리에게 맡겨진 하나님의 양 떼를 돌보아야 한다는 것이다(벧전 5:2). "목자"라는 말은 자주 '목사'와 동의어로 사용된다. 베드로의 편지를 수신했던 사람들은 그가 여기서 그리고 있는 이미지에 아주 익숙했다.

21세기를 사는 우리는 이 이미지를 양 떼를 돌보는 일과 비슷한 '섬기는 지도자'를 가리키는 은유라고 생각한다. 그리스도의 왕국에서 지도자로서 섬긴다는 말의 전체적인 개념은 일보다는 사람에 더 관련되어 있다. 하나님께서 우리에게 맡기신 사역이 무엇이든, 우리는 그분이 우리를 불러 이끌라고 하신 '사람들을 위해 목자 노릇'을 해야 한다.

동시에 그것은 우리의 양 떼가 아닌 '하나님의 양 무리'임을 기억해야 한다. 그들은 그의 백성이요, 그가 먹이시는 양 떼이다! 우리는 단지 부지도자'(under-leaders)에 불과하다. 예수 그리스도께서 '목자장'(2절)이시다. 그러나 우리가 비록 '부목자'에 불과하다 하더라도 우리는 아주 큰 책임을 지고 있다. 우리는 그분이 맡기신 사람들을 어떻게 인도하고 돌보았는지 하나님 앞에서 져야 할 책임이 있다.

야고보는 우리에게 무거운 책임이 지워졌음을 상기시킨다. "선생 된 우리가 더 큰 심판을 받을 줄 알고 선생이 많이 되지 말라"(약 3:1). 사실 우리는 하나님의 양 무리를 어떻게 먹이고 어떻게 인도하고 있는지 조심에 조심을 거듭해야 한다! 우리는 그것에 따라 목자장이신 하나님 앞에서 책임을 져야 한다.

자원하여 섬긴다

베드로는 그의 교훈에서 실천적이고 현실적인 본을 우리 앞에 제시하면서, 세 가지 관심 영역을 말하고 있다. 먼저, 우리는 "억지로 하지 말고 하나님의 뜻을 따라 자원함으로"(벧전 5:2) 해야 한다.

앞에서 말했듯이 하나님께서는 우리가 하는 '일'만을 챙기시는 것이 아니라, 우리의 '동기' 또한 살피신다. 의심할 여지 없이 사랑이 다른 사람들을 인도하는 일을 포함하여 그리스도인으로서 우리가 해야 할 모든 일의 동기가 되어야 한다. 그래서 베드로는 자원함이라는 동기의 문제를 다시 들추고 있는 것 같다. 하나님은 우리가 그분을 자원하여 섬기기를 원하신다.

교회 안에는 언제나 '의무'로 섬기고 '의무감' 때문에 지도자 노릇하는 사람들이 있다. 그들은 율법주의의 무거운 짐에 눌려 살아가는 도덕군자처럼 보인다. 그들의 동기는 의무인 양 보인다. 그들의 섬김에는 아무런 기쁨도 없다.

철학적으로 말해서, 우리는 이런 사람들을 숙명론자(宿命論者)라고 볼 수 있다. 이런 사고구조 속에서는, 그리스도인으로서 지도자의 일을 감당하는 것과 관련하여 사람의 의사가 비집고 들어설 틈조차 없다. 그들은 무엇을 하려는 의지를 가지지 않고, 무엇을 할 의지를 품지 않는다. 그들에게는 아무런 선택권도 없다. 그들은 하나님께서 그렇게 하라고 시키셨으므로 그 일을 할 뿐이다.

베드로는 운명론적인 자세를 신랄히 비판한다. 그는 우리에게 단지 '해야 하기 때문에' 하나님을 섬긴다는 의식구조에서 빠져나오라고 촉구한다. 우리는 단지 의무감에서, 혹은 결정된 일을 맡도록 '떠밀려졌으니까' 한다는 생각으로 지도자 노룻을 해선 안 된다.

베드로는 우리가 운명론적 사고 방식의 함정에 빠져서는 안 된다는 점을 말하고 있는 것 같다. 오히려 우리는 자원하여 섬겨야 한다. 하나님이 원하시는 섬김은 바로 그런 것이다. 사랑과 헌신으로 가득 찬 마음으로 섬기길 원하신다.

기꺼이 섬긴다

둘째로, 우리는 베드로의 교훈에서 하나님께서 우리가 기꺼이 섬기기를 원하심을 알 수 있다. 이 말은 역설적이다. 무엇보다도 많은 사람이 종이 되려고 하지 않는다. 25년 동안 목회를 하면서도, 필자를 찾아와서 종이 되겠다고 기꺼이 자원하는 사람을 단 한 명도 만나 보지 못했다. 아니 기꺼이는 아니더라도 말이라도 그렇게 하는 사람을 만나 보질 못했다. 기꺼이 남의 종이 되려고 한다는 것은 우리 중 누구에게도 체질적으로 맞지 않는 생각임을 다시금 확인한다. 그러나 종이 되려고 열심을 낸다는 것은 더욱더 모순이 아닐 수 없다.

베드로는 '기꺼이'에 대해 말하기 앞서서 사람들이 지도자가 되려고 하는 주된 동기에 관해 먼저 말한다. 그것은 '사사로움(더러운 이득)' 때문이다. 여러 역본에서 이 구절을 "돈에 탐욕을 품지 말고"(not greedy for money)라고 번역했으나, 원문을 볼 때 "개인적인 이득을 위해서가 아니라"라고 하는 것이 조금 더 정확한 번역이라고 생각한다.

그리스도인으로서 지도자의 일을 하는 우리 대부분은 돈을 벌기 위해서 사역에 뛰어들지 않았다는 절대적인 순결함을 정직하게 인정할 수 있을 것이다. 거의 대부분의 사역자들이 만일 다른 직업에 종사하셨다면 훨씬 더 많은 돈을 벌었을 것이다. 그러나 거짓으로 재정 문제를 얼버무리고, 사람들에게서 재정적인 이득을 취하는 '사기꾼' 사역자들도 종종 보아왔다. 그러나 그런 사람들은 극히 소수이다. 대부분은 개인적으로 치부를 하기 위해 사역에 뛰어들지는 않는다.

그러나 '사사로운 이득'에 관해 논의를 시작한다면, 우리는 삶 가운데서 얼마나 이런 위험에 빠지기 쉬운지 인정하지 않을 수 없게 된다. 사역자인 우리 대부분이 이러한 유혹에 직면해 있다. 우리의 역할을 개인 발전이나 개인의 권한을 키워가는 일에 쓰려는 유혹은 어찌 보면 당연하다 할 수 있을지 모른다. 진정 섬기는 지도자는 우리를 꼬여 사사로운 이득을 취하게 하는 모든 유혹으로부터 도망해야 한다. 그것이 돈이든 권력이든, 아니면 특권이든 관계없다. 하나님은 우리가 종이 되도록, 그분의 양무리를 치도록 부르셨다. 우리는 개인적인 영예나 이득을 생각하지 말고 그 일을 받들어야 한다.

이제 나는 한가지 개인적인 질문을 던지려 한다. "왜 당신은 사역자가 되었는가?" 자원하는 마음으로 사역하는가, 아니면 대안이 없어서 할 수 없이 하고 있는가? 이 책의 나머지 부분을 읽기 앞서서, 주님 앞에 겸손히 엎드려 나의 진정한 동기가 무엇인가를 밝혀 주실 것을 기도해야 한다. 그래서 만일 우리가 그릇된 동기로 사역하고 있다면, 그런 동기로 사역하지 말아야 할 것이다. 우리는 하나님께 용서를 구할 수 있고 회개하고 하나님이 원하시는 대로 지원하여 섬기는 일을 시작할 수 있다.

로버트 그린리프 씨는 이 문제에 관해 그의 《종 지도자》(Servant Leadership)에서 이렇게 단도직입적으로 말하고 있다. "종 지도자(Servant Leader)는 우선 종이다…" 그런 지도자는 먼저 섬기고자 하는 충동을 느낀다. 그다음에 도덕적인 선택을 통해 인도자가 되고자 하는 열망을 품는다. 이런 사람은 우선 지도자가 된 사람과는 천양지차이다. 아마 이런 사람들은 끓어오르는 권력욕을 충족시키거나 물질의 획득을 위해 지도자가 되었을지도 모른다. 이런 지도자라면 섬기는 일은 언제나 뒷전이다. 자기의 권위가 확립된 후에야 섬김이 있다. 선(先)지도자(leader-first)와 선(先)종(servant-first)은 두 극단이다. 이 둘 사이에 인간 본성의 끝없는 다양을 보여주는 한 단서로서 근소한 차이와 혼성물이 있다.

"이 둘의 차이는 먼저 종이 되는 지도자가 다른 사람들의 가장 시급한 필요를 섬긴다는 데서 아주 확연하게 드러난다. 도무지 조작할 수 없고 또 가장 좋은 시험 방법은 이것이다. 섬김을 받는 사람들이 인격으로서 성장하는가? 그들이 섬김을 받는 동안 더 건강해지고, 지혜로워지며 자유로워지는가, 또 홀로 서는 사람으로 커 가며 기꺼이 다른 사람의 종이 되려는 마음을 품는가?"[7]

클라이드 라이드(Clyde Reid) 박사는 〈목회심리학〉(Pastoral Psychology)이라는 글에서 섬기는 지도자로서 목사의 역할에 관해 구체적으로 밝혔다. "목회자의 임무는 교인들을 성숙한 사람으로 자립시키려는 노력을 경주하고 그들 역시 사역자로서 역할할 수 있음을 발견하게 하는 것이라 정의될 수 있다. 오늘날 우리가 알고 있는 목회자는 종으로서, 즉 교인들이 사역하도록 풀어주는 자로서의 참된 생명을 얻기 위하여, 모든 활동의 중앙에 서서 교인들 위에 군림하는 절대적 지도자로서의 생명을 잃어야 한다. 이것이 도전을 주고, 또 새롭게 요구되는 목회 개념이다."[8]

하나님과 이 문제가 일단 해결되고 난 다음에 다음과 같은 두 번째 질문을 접할 필요가 있다. "나는 어떻게 섬김의 사역을 감당하고 있는가? 심중에 사사로운 이득을 생각하며 하는가, 아니면 기꺼운 마음으로 섬기는가? 필자는 우리가 잠시 멈추어서 주님께서 이 문제에 관해 우리의 마음을 살펴 주실 것을 기도해야 한다고 제의하고 싶다. 우리가 회개해야 한다면 회개해야 하고, 주님과 다른 사람을 섬기도록 결단해야 한다.

지도자들이 열심을 품을 때 따르는 사람들은 그 열심을 그대로 반영한다. 목사가 사랑할 때 양무리 역시 보통 사랑하는 마음을 품는다. 목사가 기꺼운 마음을 품을 때, 하나님의 백성 역시 즐겨 열심을 낸다. 물론 가정에도 같은 원리가 적용된다.

예를 하나 들어보자. 수년 전 필자는 국제적으로 명성이 있는 구약학자와 교분을 맺는 영광을 누리게 되었다. 그는 참으로 명석한 학자였다. 그보다도 그는 어디를 가든지 진실한 사랑과 즐거운 뜻을 보이는 사람이었다. 나는 그가 끼치는 영향력과 관련하여 두 가지 특별한 점을 관찰했다. 먼저 그의 사랑과 열심 때문에 그의 아내와 아이들에게도 큰 힘이 있었다. 그들은 순수하고 인격적인 방법으로 이러한 성품들을 반영하였다. 둘째로, 그는 가는 곳마다 큰 영향을 끼쳤다. 나는 그가 학구적인 사람들 사이에서, 대중적인 집회에서, 또 교회 예배와 심지어 소집단 모임에서 활동하는 모습을 지켜보았다. 그는 틀림없이 영향력을 끼쳤다. 그리고 그의 열심은 다분히 전염성이 있었다.

나는 하나님께서 섬기는 지도자인 우리가 맡은 일이 무엇이든 간에 기꺼이 섬기기를 원하신다고 믿어 의심하지 않는다. 주님께서는 부모, 목사, 공무원, 회사 사장, 대학교수 등 어떤 형태로든지 지도자의 자리에 앉아 있는 그리스도인들이 기꺼이 그분과 다른 사람들을 섬기기를 고대하신다.

본으로 섬긴다

셋째로, 베드로는 하나님의 백성에게 본을 보임으로 섬겨야 한다고 말하고 있다. 베드로는 다시 한번 지도자의 통상적인 행태에 대해 반감을 표시하는 것 같다. 대부분의 지도자가 그들의 권위를 주장하려고 한다. 일찍이 예수님은 이방인들이 사람들을 지도하는 유형에 대해 이렇게 말씀하셨다. "그들을 임의로 주관하고 … 그들에게 권세를 부리는 줄을 너희가 알거니와"(마 20:25).

그러나 지도자인 우리가 어떤 능력을 갖추고 섬기든지 간에, 우리는 사람들에게 짐을 지우는 지도자가 되어서는 안 된다. 목사, 주일학교 교사, 혹은 위원회의 회장 등은 독재자가 되어서는 안 된다. 그것은 예수님의 스타일이 아니다.

필자의 중국인 그리스도인 친구인 페이루 리우(Pei-Lu Liu)는 본을 보인다는 것의 중요성에 관해 내게 감동적인 일화를 들려주었다. 그녀는 내게 보내는 편지에 이렇게 썼다. "최근 저는 종 됨에 관해 묵상하고 있습니다. 종 됨을 생각하면 저는 '빛'이란 단어가 떠오릅니다. 고대 중국에서는 옥외 조명은 등불에 의지했습니다. 손님이 밤에 찾아올 때마다, 등불을 들고 그가 길을 보면서 따라올 수 있도록 영접하는 일은 언제나 종이나 하인이 해야 할 일이었습니다."[9]

가정에서도 이와 같은 원리가 통용된다. 많은 그리스도인 남편들은 하나님이 자신에게 독재자 노릇을 하라고 부르셨다고 착각하고 있다. 그들은 아내와 아이들을 자신이 변덕을 부릴 때마다 거기에 따라주어야 하는 대상으로 취급한다. 가정에서 그리스도인 남편과 아버지들은 독재자가 아니라 섬기는 지도자가 되기 위해 부르심을 받은 것이다. 그들은 가족을 '이용하는' 것이 아니라 그들을 섬기고 세워서 그리스도를 더욱 더 닮게 해야 한다. 매리 앨버레즈 부인은 바로 이 원리를 발견했으며, 부모 된 특권을 누리고 있는 우리 역시 이렇게 해야 마땅하다.

한스 큉(Hans Küng)은 그의 저서 《교회》(The Church)에서 이 원

리를 잘 설명하고 있다. "교회 공동체의 권위는 무슨 지위를 차지하고 있거나 특별한 전통, 나이나 경험에서 나오는 것이 아니라 성령 안에서 사역하는 데서 나온다. 모든 순종은 하나님, 그리스도, 성령님께 바쳐져야 마땅하다. 한편 약간 제한되지만 결코 일방적이지 않은 순종이 공동체의 다른 지체에게 바쳐져야 함이 당연하다. 모두가 하나님, 그리스도, 성령님에게 순종한 결과는 자발적인 상호 복종, 모두가 모든 이에게 자원하는 봉사, 다른 사람이 지닌 다른 은사에 대한 자발적인 순종으로 드러난다."[10]

하나님은 우리가 다른 사람들의 본이 되길 원하신다. 그러나 우리가 '양 무리'의 본이 되기 위해서는 우리 삶의 주님으로서 목자장 되신 이를 따라야 한다. 우리는 성령님께서 우리를 그분의 열매로 가득 채우시고, 우리에게 주시기로 작정하신바 성령의 은사들을 부어주시도록 해드려야 한다. 우리는 주님과 그분의 양 떼를 기쁘게, 열심을 다해 섬겨야 하고, 우리 주 예수 그리스도의 성품을 반영하는 본이 되어야 한다.

공부할 문제

1. 우리는 하나님의 양 떼를 어떻게 돌보아야 하는가?

2. 우리는 어떻게 기꺼이 섬겨야 하는가?

3. 우리는 어떻게 열심을 다해 섬길 수 있는가?

4. 우리는 어떻게 본보기로서 섬길 수 있는가?

제7장

섬기는 지도자
목자처럼 인도한다

우리가 감당해야 할 가장 큰 책임은

모든 사람이 예수님을 목자장으로 알고

따르게 하는 것이다.

우리의 가장 큰 열망은 사람들이

그들의 시선을 예수님께 고정하고

믿음의 주요 또한 온전하게 하시는

예수님(히 12:1-2)만을 바라보면서

달려가야 할 길을 가게 하는 것이다.

사람들을 격려하고 그렇게 자기의 길을 달려가도록

힘을 불어넣어 주는 일은 우리의 즐거운 임무이다.

"나는 선한 목자라 선한 목자는 양들을 위하여 목숨을 버리거니와 ⋯ 나는 선한 목자라 나는 내 양을 알고 양도 나를 아는 것이"(요 10:11, 14).

예수님은 자신을 '선한 목자'라고 하셨다. 요한복음 10장에서 선한 목자가 어떤 일을 하는지 설명하고 선한 목자가 하는 일의 면을 우리에게 가르쳐 주셨다. 필자는 유능한 섬기는 지도자가 되기 위해서는 선한 목자를 알아야 하고, 또 그분과 인격적으로 관계를 맺어야 한다고 생각한다. 그다음에는 예수님만이 우리에게 가르쳐 주실 수 있는 선한 목자의 일에 관한 원리를 실천해야 한다.

목자는 양을 안다

예수님은 유능한 목자가 갖추어야 할 자격 중의 하나가 자기 양을 아는 것이라고 말씀하셨다. 예수님이 거하고 사역하셨던 세상에서는 목자가 자기 양들과 매우 개별적인 관계가 있었다. 보통 양들의 숫자는 많지 않았다. 목자는 양이 태어나면서부터 양 한 마리 한 마리와 긴밀한 관계를 맺는다. 목자는 자기의 양들이 무엇을 필요로 하는지 자상히 살폈다. 양들이 잘 먹고 마시는지, 길을 잘못 가거나 잃어버리지는 않는지 확인했고, 있을지도 모르는 적들에게서 보호해야 했다.

우리는 유능한 섬기는 지도자가 되기 위해 우리에게 맡겨진 사람들을 바로 알아야 한다. 듣기에 따라서 이 말은 아주 단순하게 들린다. 그러나 우리 대부분에게 이것은 커다란 도전이라고 생각한다. 필자는 하나님께서 돌보라고 맡겨 주신 많은 사람들 가운데서 유능한 섬기는 지도자가 되기로 헌신한 한 사람으로서, 내가 여러 분야에서 얻은 통찰을 독자에게 전달하고자 한다.

먼저, 필자가 담임목사로 섬기고 있는 훌륭한 교인들을 보자. 그 교회에는 수천 명의 교인이 있을뿐더러 매달 수십 명의 낯선 교인이 찾아온다. 내가 교인 한 사람 한 사람을 개인적으로 알아야 한다는 것은 너무 중요한 일이다. 그러나 담임목사인 내가 교인 한 사람 한 사람을 친밀하게 알지는 못할지라도, 적어도 우리 교회 목회자들에게는 모든 교인을 한 사람 한 사람씩 알아야 할 책임이 지워져 있다. 교인 각자가 적어도 목회자 가운데 한 사람과라도 개인적인 관계를 맺고 있어야 한다는 것은 피할 수 없는 의무이다.

둘째로, 필자는 한 가정의 남편이며 아버지이다. 나는 아내와 세 아이를 진정 사랑한다. 내가 그들 한 사람 한 사람을 아는 것은 매우 간단한 일처럼 보인다. 그러나 그렇지 않다. 나는 그들을 알기 위해 열심히 노력한다. 우리의 생활은 매우 분주하다. 더구나 아이들이 장성해 감에 따라 학교일, 교회 활동, 개인적이고 사회적인 관계 때문에 이런저런 일을 하느라 바쁘고 분주하다.

우리는 '가족과의 접촉시간을 잃지 않기' 위해서는 따로 특별한 시간을 내야 한다는 사실을 깨달았다. 나는 내 아내가 누구고 아이들이 누구라는 정도를 알려고 하는 것이 아니라, 그들의 삶의 현주소가 어디이고 어떻게 자라고 있으며, 어떤 필요가 채워져야 하고, 또 무엇을 느끼면서 살아가는지를 알기 원했다. 나는 그들의 현재 상태를 소상히 알기 원한다! 오직 그렇게 할 때만이 주님께서 내게 원하시는 만큼 그들을 효과적으로 돌볼 수 있을 것이다.

셋째로, 나는 신학교에서 정기적으로 강좌를 맡고 있고, 또 자주 목회자들을 위한 세미나를 인도한다. 비록 짧은 시간이지만 강의나 세미나를 이끄는 동안 목자로서의 책임도 느낀다. 나는 학생들과 친해져야 한다. 그들을 마치 부속품 정도로 다루려고 하지 않는다. 나는 학생 한 사람 한 사람을 고유하고 특별한 인물로서 알기를 원한다.

마지막으로, 훌륭한 목회팀과 교역자들을 이끄는 기쁨을 맛

보고 있다. 이 부분에서도 나는 그 형제자매들을 개인적으로 알기를 간절히 원한다. 나는 하나님께서 내게 다른 목회자들과 큰 몫을 하는 평신도 지도자들을 돌보라는 목회자로서의 책임을 맡겨 주셨다고 믿는다. 나는 어떻게 하면 그들의 가장 유능한 목자요 섬기는 지도자가 될 수 있는지를 배워가는 중이다.

이런 일들이 하나님께서 현재 내게 맡겨 주신 목자요 섬기는 지도자로서의 주요한 임무이다. 독자들 대부분에게도 역시 주님께서 섬기고 먹이라고 맡겨 주신 사람들이 있을 것이다. 우리 역시 섬기는 지도자로서 주변의 사람들과 관계를 맺으라는 요청을 받는다. 우리 대부분은 하나님께서 맡기신 최소한 한 가지 이상의 목양 책임을 지고 있다. 이러한 목양 활동들은 그 분야마다 섬기는 지도자를 요구한다. 사실 우리가 맺고 사는 대부분의 인간관계는 지도자든 아니든 간에 종의 정신을 바탕으로 맺어진다.

우리가 섬기는 지도자로서 열매 맺으려면, 반드시 양을 알아야 한다. 왜냐하면 그들은 주님께서 우리에게 돌보라고 맡기신 사람들이기 때문이다. 예수님은 여기서 그치지 않고 선한 목자는 양의 이름을 부른다고 강조하셨다. 최근 나는 평범한 사람들은 보통 100명에서 150명 정도의 이름을 외우고 있다는 기사를 본 적이 있다. 몇몇 사람들만이 그보다 더 많은 사람의 얼굴과 이름을 외운다고 한다.

우리 대다수는 사람 이름을 잘 기억하지 못한다. 그러나 선한 목자는 사람들을 사랑하기 때문에 자신에게 맡겨진 사람들의 이름을 외우는 수고를 아끼지 않는다. 사람들은 자기 이름이 기억될 때 감동한다. 사람 이름을 잘 외울 수 있다면 목회자에게 말할 수 없는 도움이 된다. 나는 직업, 취미 등 생활의 세부 사항을 발견하여 그 사람들을 알아둘 때 그의 이름도 잘 외울 수 있음을 알았다. 그들을 만날 때마다 이름을 외우는 것도 기억에 도움을 준다. 유능한 섬기는 지도자는 자기가 이끄는 사람들을 알고 그들의 이름을 부른다.

양들은 목자를 안다

선한 목자가 자기 양들을 알뿐더러, 양들도 목자를 안다. 예수님은 양들이 목자의 음성을 듣는다고 말씀하셨다(요 10:3). 그리고 양들은 목자의 음성을 알기 때문에 목자를 따른다고 하셨다. 달리 말해서 양들은 목자를 알기 때문에(5절) 목자를 따르는 것이다. 동시에 양들은 낯선 사람을 따르지 않는다. 아니 낯선 사람의 음성을 알지 못하기 때문에 그에게서 도망한다(5절).

예수님의 이 가르침은 섬기는 지도자인 우리에게 정말 중요한 의미가 있다. 이 말씀은 우리가 이끄는 사람들을 알고, 또 그들이 우리를 아는 대인 관계에 초점을 맞춘다. 어쨌든 이 말씀이 함축하고 있는 의미는 우리가 양 떼를 인격적으로 그리고 개인적으로 사랑하느냐는 것이다. 우리는 착한 행실을 보여 그들이 우리를 알고 싶은 마음이 일어나게 해야 한다. 우리는 솔직하고 진실한 신뢰 관계를 수립하여 우리가 그리스도를 따를 때, 그들 역시 모든 역경을 무릅쓰고라도 우리를 따를 마음을 가지게 해야 한다.

우리가 다른 그리스도인들을 만날 때 사랑이 얼마나 귀중한 것인가 알게 된다. 하지만 신뢰라는 것도 무시할 수 없다. 신뢰를 쌓는 데는 시간이 꽤 걸린다. 신뢰는 상호적인 관계 위에 세워진다. 사람들을 인도할 만한, 그리고 신뢰받을 만한 권위를 얻어야 한다. 섬기는 지도자로서 우리의 삶은 예수 그리스도의 사랑과 은혜, 즉 성령님의 열매를 보여주는 것이 되어야 한다. 앞서 말했듯이 우리 스스로가 예수님을 따를 때만이 사람들이 우리를 따를 것으로 생각해야 한다.

사실 섬기는 지도자인 우리에게, 신뢰란 그리스도인으로서 오랜 기간 예수님을 잘 따르고 생활하는 가운데서 성령님의 지도에 민감하게 반응할 때 하나님께서 우리에게 주시는 점수(trust)와 아주 긴밀히 연결되어 있다. 우리의 신뢰와 하나님께서 우리를 신뢰하시는 이 두 줄이 잘 엮일 때, 섬기는 지도자인 우리는 물론 양 떼, 더 나아가서는 목자장에게 큰 복이 돌아간다.

양을 위해 목숨을 버린다

선한 목자는 양들을 알고 그들의 이름을 부르며, 그들을 사랑하고 신뢰를 얻는다. 그러나 거기서 그치지 않는다. 선한 목자는 글자 그대로 양을 위해 목숨을 버린다. 예수님이 바로 이렇게 하셨다! 그분은 이렇게 말씀하셨다.

"내가 내 목숨을 버리는 것은 그것을 내가 다시 얻기 위함이니 이로 말미암아 아버지께서 나를 사랑하시느니라 이를 내게서 빼앗는 자가 있는 것이 아니라 내가 스스로 버리노라 나는 버릴 권세도 있고 다시 얻을 권세도 있으니 이 계명은 내아버지에게서 받았노라 하시니라"(요 10:17-18). 물론 예수님이 십자가에 못 박혀 돌아가시고 그의 보혈로써 우리의 죄를 없이하실 때 이 일은 그대로 이루어졌다. 그분이 자기 생명을 양을 위해 주시므로 영원한 생명을 얻을 수 있었다(요 3:16). 우리는 우리 모두에게 개인적으로 관계된 이 구원의 놀라운 행위를 기뻐하고 감사한다.

필자는 하나님으로부터 섬기는 지도자가 되라는 부르심을 입은 우리에게 예수님의 이 가르침이 상당한 개인적 적용을 시사한다고 믿는다. 우리는 예수님처럼 다른 사람의 죄를 사하기 위해 우리 목숨을 대속물로 줄 수 없다. 그러나 우리는 다른 의미에서 양들을 위해 목숨을 버리라는 촉구를 듣는다. 교회사에서 많은 순교자들이 이렇게 했다. 우리 중 소수가 순교의 부르심을 받을 것이다. 그러나 나는 우리가 우리 생명을 다른 사람을 위해 줄 준비가 되어 있어야 한다고 믿는다. 진정 다른 사람을 사랑하는 사람은 그들을 위해 기꺼이 희생한다. 심지어 자기 생명을 드려서라도 말이다!

최소한 우리는 양들이 정말 절실히 우리의 도움을 요청할 때 그들과 함께함으로 매일 조금 조금씩 우리 생명을 그들을 위해 내놓도록 부르심을 받았다. 번거로움을 참는다는 것은 섬기는 지도자가 되는 길의 다른 면이다. 예수님은 잃은 양의 비유에서 우리에게 이 점을 상기시켜 주셨다(눅 15장). 99마리 양은 목자가 인도한 안전한 우리에서 밤을 지내기까지 자기 책임을 다했고 또 순종했다. 그러나 한 마리는 길을 잃었다.

그 목자는 저녁도 먹어야 하고, 또 요즘 말로 텔레비전에서

축구경기를 볼 계획을 세웠는지 모른다. 어떤 일이 있었든지 간에, 그는 작은 양 한 마리를 사랑한 나머지 그 밤에 그 양을 찾아 나섰다. 그 일은 번거롭고 불편한 일이었다. 바람직한 일이 아니었다. 그러나 그는 양을 걱정한 나머지 그 양을 찾아 나섰다. 그는 작은 양 한 마리 때문에 불편을 감수했고, 아니 심지어 자기 목숨까지 걸었다.

섬기는 지도자는 사람들을 목양하고 돌보는 데 엄청난 위험과 불편함이 따른다는 것을 누구보다 잘 안다. 필자는 수십 년 동안 사람들이 나를 찾았을 때 밥을 먹고 있거나, 늦은 밤이었음을 기억한다. 상심한 사람들은 성탄절이나 추수감사절과 같은 특별한 명절 때 자신이 혼자이고 버려졌다고 느낀다. 민감한 목자는 이런 때 특별한 도움이 필요한 사람들이 누구인지 예상할 수 있는 지혜를 터득한다. 그들은 상심한 사람들을 추수감사절 만찬이나 성탄 축하 모임에 초대하는 등 전략적인 계획을 세울 것이다. 섬기는 지도자는 양들의 필요에 언제나 민감하고 즉시 달려갈 준비가 되어 있다.

선한 목자는 양들을 인도한다

선한 목자는 자기 양 떼를 이끈다. 느끼기에 따라서 이 말은 너무나 당연하기 때문에 더 다룰 필요가 없는 것처럼 보인다. 그러나 현실에서 우리가 이 원리를 안다는 것은 정말 중요하다. 예수님은 말씀하셨다. "그가 자기 양의 이름을 각각 불러 인도하여 내느니라 자기 양을 다 내놓은 후에 앞서 가면 양들이 그의 음성을 아는 고로 따라 오되"(요 10:3-4).

소위 지도자라는 사람들은 자기에게 지도자의 책임이 맡겨졌다고 해서 사람들이 그들을 절로 따를 것으로 착각하고 있다. 우리 대부분은 (어떤 이들은 아주 어렵게, 또 어떤 이들은 아주 자연스럽게) 이러한 생각이 전혀 통하지 않음을 체득했다. 지도자로 임명된 일이 없는 사람을 따라주는 착한 사람들이 있기는 하다. 그러나 어떤 사람들은 그렇지 않다. 이 책을 쓰고 있는 바로 이번 주에만 해도 나는 해리 글래스턴 목사님이 부딪혔던 것과 비슷한 자질 문제 때문에 고심하는 분과 상담했다.

약 일 년 전에 이분은 큰 교단의 한 교회에 담임 목사로 청빙되었다. 그의 전임자는 약 40년 동안이나 그 교회를 섬겼다. 교인들은 모두 전임 목사를 사랑하고 따랐다. 그는 수십 년간 그들을 알고 사랑하고 돌보았다. 그러나 바로 그 사람들의 다수가 새로 부임한 목사를 따를 준비가 되어 있지 않았다. 교인들은 새로 부임한 목사를 잘 알지 못했고 따라서 믿지 못했던 것이다.

그 교회의 당회는 공개적으로 교인들에게 신뢰를 호소했다. 그들은 교인들에게 신임 교역자가 그들을 효과적으로 이끌게 되기를 원한다면 그분을 믿어야 한다고 강조했다. 물론 이 전략은 빗나갔다. 이 일로 말미암아 목사와 교인들 사이에 다리가 놓아지기보다는 담이 더 높아졌다. 이 신임 교역자는 신뢰를 얻기 위해 비싼 대가를 치러야 했다. 그러나 솔선수범함으로써 그분은 점점 교인들을 알아가고 사랑하였다. 이런 일에는 시간과 인내심, 그리고 섬김의 기술이 요구된다. 마침내 그분이 상심한 사람들과 함께 울어주고, 깨어진 관계를 회복하도록 돕고, 또 슬픔을 당한 가정들을 위로할 때 교인들의 신뢰를 얻을 수 있었다.

앞에서 살펴보았듯이, 예수님은 선한 목자는 자기 양들을 알고 그들의 이름을 부르며, 그들을 인도하여 낸다고 아주 지혜롭게 말씀하셨다. 이것은 섬기는 지도자가 반드시 알아두어야 할 지도 원리가 아닐 수 없다. 유능한 지도자가 되려면 양들 앞서서 양들을 이끌어야 한다. 우리는 양들에게 이리 가라 저리 가라 '말하는' 목자가 아니요, 그들 앞에 서서 그들을 이끌어감으로써 방향을 '보여주는' 지도자가 되어야 한다. 진정 섬기는 지도자라면 양 떼를 옮겨가야 할 풀밭으로 혼자 보내지 않는다. 섬기는 지도자는 앞서 가면서 모든 것이 안전하고 좋은지 살핀다. 그들을 '이끌어' 주는 것이다! 사람들이 지도자를 신뢰하는 것은 이러한 모습들을 보기 때문이다. 위로와 격려의 말은 참으로 중요하다. 그러나 그것만으로는 부족하다.

하나님의 백성은 그들의 섬기는 지도자가 누구인지 알기 원한다. 그들은 그런 지도자의 모습에서 안전과 위안을 얻기 바란다. 그들은 목자의 지팡이와 막대기가 그들을 적들로부터 지켜주고, 다른 초장, 다른 동산에 안전하게 이를 수 있게 해주기를 갈망한다. 유능한 섬기는 지도자는 인도하고 돌보고 또 위로하는 일에 뛰어나고 돋보인다. 그는 예수 그리스도의 본을 따른다.

한 무리를 이루는 양 떼

예수님이 가르쳐 주시는 마지막 원리는 16절에서 볼 수 있다. "또 이 우리에 들지 아니한 다른 양들이 내게 있어 내가 인도하여야 할 터이니 그들도 내 음성을 듣고 한 무리가 되어 한 목자에게 있으리라"

목자는 양 무리를 나누고, 또 자기 양 무리를 다른 목자의 양 무리로부터 분리하려는 경향을 가지고 있다. 이것은 양 무리에 관해서든지 사람에 관해서든지 충분히 이해할 만한 처사이다. 양들이 목자의 음성을 알고 목자를 따른다고 예수님이 말씀하셨을 때는 이런 점을 염두에 두고 하신 것임이 틀림없다.

그러나 하나님 나라에서는 사정이 다르다. 하나님 나라에는 오직 한 분의 목자장, 곧 예수 그리스도가 계신다. 그러나 하나님께서 자기 양 떼의 일부를 '부목자들(under-shepherds)'인 사람들에게 맡기셨다. 필자와 우리 중 다수는 바로 이런 부목자들이다. 우리 같은 부목자들이 하나님 나라에서 반드시 알고 있어야 할 제일 원리의 하나는 궁극적으로는 오직 한 무리의 양 떼만이 있다는 것이다. "너희는 유대인이나 헬라인이나 종이나 자유인이나 남자나 여자나 다 그리스도 예수 안에서 하나이니라"(갈 3:28).

지도자로서 우리가 직면하는 유혹 중의 하나는 우리의 아성을 쌓고 우리의 추종자를 관리하며 하나님이 우리에게 맡겨 주신 양 떼를 우리 소유로 여기려는 것이다. 우리는 종종 '내 교인' 혹은 '내 사람들'이라는 소유의 의미를 담은 말을 사용하곤 한다. 이런 지도자들은 불순한 교리로부터 양 떼를 보호한다는 핑계로 하나님의 큰 양 무리에서 '그들의 양 떼'와 다른 목자의 양 떼를 나누려고 한다. 이런 지도자들은 '우리-너희', '내부-외부'라는 병적 증상을 보이기도 한다. 그들은 자기 혼자만이 순전하고 의롭다고 주장한다. 다른 사람들은 심하게는 불순하고 불의한 사람들이요, 좋게 봐야 아주 의심스러운 사람들이라고 치부하는 것이다.

섬기는 지도자는 사람들을 이렇게 이끌지 않는다. 먼저 우리가 예수 그리스도의 종이요, 그분 앞에서 책임을 져야 함을 자각하고 있어야 한다. 예수님은 세상 모든 사람을 위해 돌아가셨다. 사람들이 그분의 양 무리에 들어오도록 초대하신다. 우리는 종종 우리의 기준을 내세워 그들을 내쫓는다. 예수님은 공공연히 "누구든지 오라"고 선언하셨다. 우리가 비록 하나님의 백성 중 일부를 목양하는 특권을 누리고 있지만, 그들이 그분의 백성임에는 변함이 없다.

우리가 감당해야 할 가장 큰 책임은 모든 사람이 예수님을 목자장으로 알고 따르게 하는 것이다. 우리의 가장 큰 열망은 사람들이 그들의 시선을 예수님께 고정하고 믿음의 주요 또한 온전하게 하시는 예수님(히 12:1-2)만을 바라보면서 달려가야 할 길을 가게 하는 것이다. 사람들을 격려하고 그렇게 자기의 길을 달려가도록 힘을 불어넣어 주는 일은 우리의 즐거운 임무이다.

섬기는 지도자는 항상 사람을 세워준다. 그들은 '따르는 자'를 계속 격려하고 능하게 하여 예수 그리스도의 은혜와 지식 가운데서 자라도록 돕는다. 그들은 결코 자기 제자를 육성하지 않는다. 그들은 예수님의 제자를 키우는 자임을 자임한다. 그들은 오직 한 목자와 한 양 무리가 있음을 깊이 확신하면서 섬긴다. 예수 그리스도가 바로 그 목자이시고, 양 무리는 그분의 양 무리이다!

공부할 문제

1. 목자는 왜 자기 양을 알아야 하는가?

2. 양이 목자를 아는 것이 중요한 이유는 무엇인가?

3. 선한 목자는 어떻게 양을 위하여 '자기 목숨을 바칠 수' 있는가?

4. 우리가 인도하는 사람들을 위하여 어떻게 '우리 생명을 바칠 수' 있는가?

5. 섬기는 지도자가 자신이 인도하는 사람들을 '소유'하려 하거나 '지배'하려 해서는 안 되는 중요한 이유는 무엇인가?

제8장

섬기는 지도자
악한 지도자에 대한 경고

섬기는 지도자는 궁극적으로 하나님께 책임을 진다.

그리고 하나님은 우리가 어떻게 그분의 백성을

이끌고 돌보았는가에 관해 책임을 물으실 것이다!

"주 여호와께서 이같이 말씀하시되 자기만 먹는 이스라
엘 목자들은 화 있을진저 목자들이 양 떼를 먹이 는 것이
마땅하지 아니하냐"(겔 34:2)

섬기는 지도자가 지도에 실패하게 되면 어떻게 되는가? 해리 글래스턴이 너무 지치고 낙담하다 못해 목사직을 내놓고 사역을 그만두기로 결심했다면, 그 결과는 어떻게 되는가? 그리스도인으로서 회사 간부인 존 스틸맨이 지도력에 실패했거나, 매리 앨버레즈가 사랑으로 섬기는 지도자라기보다는 성난 독재자처럼 자녀들을 길렀다면 무슨 일이 일어나겠는가? 그리고 많은 그리스도인 지도자들이 하나님의 양들을 사랑과 관심을 가지고 돌보려 하지 않는다면 어떻게 되겠는가?

이 모든 일은 하나님께도 관계있는 일인가, 아니면 우리에게만 상관있는 일일까? 그 대답은 너무도 간단명료하다. "물론, 있다!" 하나님께서는 자녀들을 이끌어야 할 지도자들이 이기적이고 돈이나 권력에 유혹당하는 것을 걱정하신다. 하나님께서는 지도자들이 마치 이방인들처럼 강압적으로 무리를 이끌려 할 때 슬퍼하신다. 하나님께서는 사랑하는 자기의 양 떼가 목자 없이 헤매며 당하는 고통의 울음소리에 귀 기울이신다. 하나님께서는 그분이 세운 지도자들이 자기의 양 떼를

사랑하며 보호해 나가기를 간절히 원하신다.

수 세기 전 하나님께서는 선지자 에스겔에게 주신 예언의 말씀을 통해서 깊은 우려를 나타내셨다. 이 예언의 말씀에는 섬기는 지도자가 되라는 부르심을 받은 우리에게도 강력하고 여전히 적합한 메시지를 담고 있다. 에스겔서 34장에서 발견되는 이 강력한 본문에서 몇 가지 두드러진 요점들을 살펴보자.

1. 주 여호와께서 이같이 말씀하시되 자기만 먹는 이스라엘 목자들은 화 있을진저(겔 34:2).

이 말씀은 베드로가 하나님의 양무리를 사사로운(더 러운) 이득을 위해 돌보는 척하고 있는 지도자들을 향해 외친 경고의 말씀과 아주 흡사하다. 하나님께서는 우리를 불러 겨우 자기들을 위하라고 하신 것이 아니다. 오히려 그분이 사랑하고 귀한 백성을 돌보는 일을 우리에게 맡기신 것이다. 우리가 돌볼 사람들은 하나님의 초장에 거하는 소중한 양들이다.

에스겔은 오직 자신의 유익을 좇기에 급급했던 목자들에 대해서 이같이 말했다. "너희가 살진 양을 잡아 그 기름을 먹으며 그 털을 입되 양 떼는 먹이지 아니하는도다"(겔 34:3). 다시 말해 그들은 오직 자신의 유익만을 위해 양들을 '이용'한 것이다. 오직 받기에만 급급하고 주는 것에는 관심이 없었다. 그들은 목자로서의 할 일은 잊고 자기를 살찌우는 일에만 몰두했다. 그들은 사람들에게서 이익을 취하고 목양을 빙자하여 사사로운 이득을 얻었지만, 아무것도 돌려주지 않았다.

사람으로서 자기 자신을 돌본다는 것은 너무나 당연한 일이다. 하지만 자기 자신을 가장 먼저 생각하는 태도는 죄의 가장 기본적인 표현 가운데 하나이다. 하나님께서 선지자 에스겔의 메시지를 통해서 지적하신 그런 목자들의 죄는 그것뿐이 아니었다. 다른 큰 죄도 강하게 암시되어 있다. 그것은 이런 목자들이 '오직' 그들 자신만을 위한다는 것이다. 그들은 오직 자신만을 챙기고, 양 떼들의 필요에 대해서는 나 몰라라 해왔다. 그들은 하나님께서 그들에게 맡기신 사람들에게 아무것도 공급하지 않았던 것이다. 그들은 단지 양 떼를 돌보는 일을 게을리한 정도가 아니라 아예 양 떼를 돌보지 않았다. 그들이 돌보아야 할 책임을 진 사람들과, 하나님께서 그들에게 맡기신 섬김의 일 역시 완전히 외면했다.

그들은 설마 하나님께서 이런 사실을 모르리라고 생각한 것이 틀림없다. 그들은 스스로 이런 죄에 기만당하고 있었다. 그들은 자기의 일에 빠져 스스로를 돌보느라고 '양 떼'는 물론이거니와 '하나님'조차도 까맣게 잊었다. 그러나 하나님께서는 결코 그들을 잊지 않고 또 그들이 목자로서 그분과 그분의 양 떼에 대해 져야 할 책임을 잊지 않으셨다. 결산의 날이 도래했다.

2. 너희가 그 연약한 자를 강하게 아니하며(겔 34:4).

하나님께서는 여기서 멈추지 않고 목자들이 범한 허물을 구체적으로 지적하신다. 첫째, 그들이 연약한 자를 강하게 하지 않은 것에 대해 책임을 물으신다. 어떤 양 떼든지 연약한 자들이 있게 마련이다. 이들은 특별한 관심과 보호가 필요하다.

섬기는 지도자는 아무 도움도 필요하지 않을 만큼 강한 사람들만을 이끌고 있지 않음을 잘 알고 있다. 연약한 자는 늘 우리곁에 있다. 사실 필자가 시무하는 교회 교인 중에도 연약함을 드러내는 성도들이 간혹 있다. 그들 중 몇몇은 매주 나와 개인적으로 만나기도 하고, 또 매일 목사와 만나야 할 사람들도 있다. 또 나의 아내 제니가 그들 중 몇몇을 매일 만나 돌보고 있다. 신실하고 선한 섬기는 지도자는 그가 돌보아야 할 연약한 자들을 결코 소홀히 대하지 않는다. 섬기는 지도자는 연약한 자를 사랑하고 보살핀다!

3. 병든 자를 고치지 아니하며(겔 34:4)

우리는 흔히 '치료'라고 하면 의사나 병원에 종사하는 사람들의 일이라고만 생각한다. 하지만 나에게는 우리가 이끌어야 할 사람들의 치유가 필요할 때 그 책임을 나누어야 할 것 같은 생각이 든다. 야고보는 역시 이런 메시지를 우리에게 전하고 있다. "너희 중에 병든 자가 있느냐 그는 교회의 장로들을 청할 것이요 그들은 주의 이름으로 기름을 바르며 그를 위하여 기도할지니라 믿음의 기도는 병든 자를 구원하리니 주께서 그를 일으키시리라 혹시 죄를 범하였을지라도 사하심을 받으리라"(약 5:14-15).

주님은 모든 치유의 근원이시다. 이 본문은 우리가 아플 때 의사를 찾아가거나 약을 먹거나 혹은 수술을 해서는 안 된다고 말씀하는 것이 절대 아니다. 성경은 치유의 사역 역시 섬기는 지도자에게 맡겨진 임무임을 가르치고 있다. 병든 자를 위해 기도하는 것은 너무나 당연한 일이다. 하지만 그 결과는 하나님께 맡겨야 한다. 우리 교인 중 누가 아프면 나는 그들에게 의사를 찾도록 권하고, 또한 장로에게 가서 기름을 바르고 기도해줄 것을 부탁하라고 권한다.

비록 육신의 병에 걸렸다 하더라도, 감정과 정신의 치유를 소홀히 해서는 안 된다. 인간은 육체, 감정, 정신 그리고 영혼의 놀라운 결합체이기 때문이다. 하나님의 치유 능력은 우리 삶의 어느 영역도 능히 고치실 것이다.

4. 상한 자를 싸매 주지 아니하며(겔 34:4).

이어서 하나님께서는 목자가 상처 입은 양을 싸매 주지 않은 허물을 꾸짖고 계신다. 이 구절은 예수님이 말씀하신 선한 사마리아인의 비유를 생각나게 한다(눅 10:25-37). 제사장이나 레위인은 상처 입은 사람 곁을 그냥 지나쳤다. 이들은 종교 지도자들이었다. 이들은 당연히 하나님 앞에서 섬기는 지도자로서 서야만 하는 사람들이었다.

하지만 이 사람들 중 어느 누구도 강도 만나 상한 자를 싸매 주기 위해 발걸음을 멈추지 않았다. 아마도 그들은 갈 길이 바쁘다고 생각했는지 모른다. 아니면 그들도 강도를 만나 매 맞고 빼앗길까 두려웠는지도 모른다. 이도 저도 아니면 다른 이유, 곧 하나님께서 에스겔을 통해서 말씀하신 바로 그 이유 때문에 돕지 않았을 것이다. 즉, 자기 자신과 자신만을 이롭게 하는 종교적인 야심에 가득 차 상한 자를 무시했을지도 모른다. 그러니 상처 입고 아파하고 사람들을 돌보는 일이 그들의 할 일이 되었을 리 만무하다.

과연 위의 예가 섬기는 지도자인 우리에게 주는 경고는 무엇인가? 우리는 상처 입어 도움을 청하는 사람 돌보는 일을 자기의 의무로 삼은 선한 사마리아인처럼 되어야 한다. 그는 강도 만난 자를 불쌍히 여겨 그에게로 다가가서 기름과 포도주를 붓고 상처를 싸매 주었다. 이때 사마리아인은 개인적으로 위험을 감수해야 했고, 강도 만난 사람의 어려움을 도와주느라 번거로움을 겪고 자신의 시간을 지체했다. 그는 강도 만난 자를 자기 나귀에 태워 주막으로 데리고 가서 돌보아 주었다. 그리고 다음날 주막 주인에게 그의 상처가 나을 때까지 치료하는 데 필요한 경비를 지불해 주었다(33-35절).

섬기는 지도자가 되고자 하는 우리에게 이 비유가 주는 메시지는 참으로 의미심장하다! 알다시피 예수님께서는 다음과 같은 가장 중심되는 가르침을 예증하기 위해 이 비유를 들었다. "네 마음을 다하며 목숨을 다하며 힘을 다하며 뜻을 다하여 주 너의 하나님을 사랑하고 또한 네 이웃을 네 자신 같이 사랑하라"(27절). 이 가르침이 그리스도인의 삶과 섬기는 지도자의 밑바탕이 되어야 한다.

5. 쫓기는 자를 돌아오게 하지 아니하며(겔 34:4).

선한 목자는 자신의 양 떼를 신중히, 그리고 충직하게 돌본다. 이렇게 하면 길을 잃어 헤매는 양도 생기지 않는다. 길을 잃는 양이 생긴다는 것은 결국 목자에 대한 거부나 다름없다. 선한 목자는 양들의 이름을 기억하고 양들도 목자의 음성을 알아 목자 가까이 머문다.

선한 목자는 양 떼의 제일 앞에 서서 길이 안전한지 늘 살핀다. 양들이 길을 잃기 쉬운 곳으로는 이끌지 않는다. 하지만 아무리 훌륭한 목자라도 가끔 한두 마리의 양을 잃는다. 그러나 그들은 실수를 인정하는 정도로 그치는 것이 아니라, 반드시 거기에 따른 조처를 한다. 그들은 나가서 그 잃은 양을 찾아온다.

  길을 잃은 양들을 위와 같이 돌보아 주는 것은 지도자 된 우리에게 매우 중요하다. 필자는 전에 목회하고 있던 교회에서 몇몇 장로들 때문에 매우 가슴 아픈 일을 겪어야 했다. 그들은 하나같이 사랑스럽고 친절하신 분들이었다. 그러나 대부분의 사람이 그렇듯이 그들은 매우 편의주의적인 면도 있었다. 그들은 장기 결석자들의 이름을 교인명부에서 지워버려서 그 명부를 '깨끗이 정리'하길 원했다.

  필자는 그러한 사람 중심의 편의주의적인 발상 때문에 마음이 적잖이 상했다. 다행히 다른 장로들과 의논하여 길을 잃은 양을 사랑과 동정의 마음을 지닌 목자의 심정으로 찾아나서는 노력을 기울이기로 하고, 이를 위한 전담 위원회를 만들었다. 물론 그들을 찾고 난 후에는 그들의 필요를 잘 알아서 봉사하려고 했다. 만약 하나님께서 그 길잃은 양들을 다른 양 떼로 인도하셨다면, 우리는 그들을 기꺼이 놓아 보내주었을 것이다. 그러나 그렇게 할지라도 일단은 그들을 찾아서 사랑과 관심을 기울여 준 다음에 그렇게 했을 것이다.

6. 잃어버린 자를 찾지 아니하고(겔 34:4)

예수님은 승천하시기 전에, "지상명령"이라고 불리는 사명을 제자에게 주셨다. 세상 끝까지 가서 모든 족속으로 제자를 삼으라는 말씀을 주신 것이다.

이 명령에는 잃어버린 백성에 대한 하나님의 깊은 관심이 나타나 있다. 예수 그리스도는 잃어버린 자를 찾아 구원하는 것이 자신이 세상에 오신 가장 큰 목적이라고 말씀하셨다. 그분은 "잃어버린 자를 찾아 구원하기 위해" 이 세상에 오셨다!

예수님은 우리에게 아주 감동적인 잃은 양 비유를 말씀하셨다(눅 15:3-7). 비록 비유라는 형식을 빌어 하셨지만, 그분이 자기 자신에 대해 말씀하신 것이 거의 틀림없다. 양 백 마리를 돌보는 목자가 있다. 그중 아흔아홉 마리는 그의 돌봄을 받고 있는데 한 마리가 길을 잃었다. 그는 아흔아홉 마리 양을 안전한 들판에 놓아두고 잃어버린 양 한 마리를 찾아나섰다. 그리고 그 양을 찾았을 때 목자는 너무 기뻐 그 양을 어깨에 메고 집으로 돌아와서는 주위의 벗들을 불러 모아 잔치를 열고 "와서 나와 함께 즐기자 나의 잃은 양을 찾았노라"라고 말한다. 이 메시지가 바로 구원의 복음이다. 예수님은 길 잃은 자를 찾아 구원하고 영생을 주시기 위해 세상에 오셨다.

잃어버린 자에 대한 하나님의 깊은 관심과 사랑은 에스겔의 예언에서도 잘 드러나 있다. 하나님께서는 목자들이 '잃어버린 자를 찾아 나서기'를 갈망하신다. 우리는 잃어버린 자에 대해서 중립적인 태도를 취하거나, 수동적인 자세로 바라만 보고 있어도 안 된다. 하나님께서는 우리가 직접 '나가서' 잃어버린 자들을 '찾기를' 원하신다. 예수님의 비유에 따르면, 우리가 그들을 찾았을 때 우리는 그들을 데리고 와서 기쁜 마음으로 우리 안에 넣어 주어야 한다. 하늘나라에서는 회개한 한 죄인으로 말미암아 큰 기쁨이 넘친다. 그리고 잃어버렸던 양 하나를 찾아서 우리로 돌아왔을 때 섬기는 지도자와 전체 교인의 마음에도 이와 같은 큰 기쁨이 넘쳐야 한다.

7. 다만 포악으로 그것들을 다스렸도다(겔 34:4)

목자들은 연약한 자를 강하게 하는 일을 소홀히 했을 뿐 아니라, 병든 자를 고치고 상처 입은 자를 싸매지도 않았으며, 잃어버린 양들을 찾지도 않았다. 게다가 그들은 양들을 거칠고 야만적으로 다스리는 죄를 보탰다. 이 무슨 비극인가!

우리는 양이나 다른 짐승들을 포악하게 다룬다고 하면 곧 얼굴을 찡그릴 것이다. 더구나 '인간 학대'에 대해서는 더 큰 마음의 상처를 받는다. 우리는 요즘 신문이나 텔레비전을 통해서 연일 아동, 아내, 심지어 남편 학대 기사를 접하곤 한다. 이런 죄들은 우리 사회를 신랄하게 고발하는 비극적인 고발장이다.

그런데 하나님께서는 자기 목자들을 이 끔찍한 죄목으로, 다시 말해서 양 떼를 악랄하게 학대하는 죄목으로 고발하고 계신다. 첫째, 그들은 양들을 포악으로 다스렸다. 우리 중 부모 된 사람들은 이런 죄를 경계해야 한다. 섬기는 지도자로서 부모 된 사람은, 마치 예수님이 그렇게 하셨듯이 자녀들을 사랑, 존경, 부드러움, 그리고 관대함으로 대해야 한다.

사도 바울은 그리스도인 부모는 "너희 자녀를 노엽게 하지 말라"(엡 6:4)고 권면한다. 자녀를 노엽게 하는 대신, 주님의 교양과 훈계의 말씀으로 양육해야 한다. 다시 말해 우리는 주님을 대신해서, 주님의 심정으로 자녀들을 키워야 하는 것이다. 사실 우리 그리스도인 부모들은 우리가 '부(副)부모'(under-parents), '부(副)목자'(under-shepherds)임을 깊이 인식해야 한다. 우리가 주님을 따르는 일을 심각하게 생각한다면, 우리가 소유한 모든 것과 함께 우리 자녀 역시 주님 앞에 바치지 않을 수 없을 것이다.

물론 이러한 깨달음은 우리가 우리의 역할을 섬기는 지도자로서 규정할 때나 도움이 된다. 우리는 '주님의 백성'을 돌보고 있다. 그들은 우리의 소유물이 아니다. 우리는 단지 하나님께서 우리에게 돌보라고 맡겨 주신 양 무리를 감독하는 사람일 뿐이다.

둘째, 목자들은 그들의 양을 잔혹하게 다루는 죄를 짓고 있었다. 잔혹하다는 것은 거칠다는 것과는 또 다르다. 우리는 거칠다는 것을 언어나 감정상의 학대 정도로 생각한다. 그러나 잔혹하다고 할 때는 실제로 육체에 가해지는 학대를 생각한다. 하나님의 양 떼를 돌보는 목자가 정서적, 영적, 육체적, 심지어는 성적으로 양들을 학대할 수 있다고 상상할 수나 있는가? 결코 그래서는 안 된다!

8. 목자가 없으므로 그것들이 흩어지고(겔 34:5)

이제 하나님께서는 그의 목자들이 양 떼를 흩은 것에 대한 책임을 물으신다. "목자가 없으므로 그것들이 흩어지고 흩어져서 모든 들짐승의 밥이 되었도다"(5절).

이런 일은 섬기는 지도자가 그의 양 떼를 저버렸을 때 생기는 일이다. 목자를 잃은 양들은 제각기 흩어진다. 그들은 먼저 흩어진다. 그리고 무엇을 해야 할지, 어디로 가야 할지 전혀 알지 못한다. 상처받고 길을 잃은 양들에 대해 성경의 묘사는 매우 생생하다. 그들은 '목자 없는' 양들인 것이다. 필자는 이 말이 길 잃고 무기력한 상태를 나타내는 궁극적인 표현이라고 생각한다. 그리고 이 말은 우리 사회, 심지어는 우리 교회 안에 존재하는 많은 사람들, 즉 섬기는 지도자가 나타나 그들을 인도해 줄 것을 바라는 사람들을 묘사한 말이기도 하다.

9. 주 여호와께서 이같이 말씀하시되 내가 목자들을 대적하여(겔 34:10)

하나님께서 우리를 대적하신다는 말보다 더 두렵고 무서운 말이 세상에 또 있을까? 이 구절은 "만일 하나님이 우리를 위하시면 누가 우리를 대적하리요"(롬 8:31)라는 바울의 말과 너무도 대조적이다.

한마디로 말해서 이런 목자들이 반역자가 된 것이다. 이들은 "편을 바꾼다." 그들은 더 이상 하나님 편에 서지 않고 자기만을 위하는 길을 택함으로써 죄의 편에 선 것이다. 하나님께서는 이편에, 그리고 그들은 저편에 섰다.

10. 내 양 떼를 그들의 손에서 찾으리니(겔 34:10)

책임 추궁이라는 말은 이 세상에서는 인기 있는 말이 아니다. 그러나 하나님께서는 그분의 왕국에서 지도자가 될 사람 누구에게나 책임을 추궁하신다. 앞서 보았듯이 야고보가 "선생된 우리가 더 큰 심판을 받을 줄 알고 선생이 많이 되지 말라"(약 3:1) 한 경고도 다 이런 뜻에서 나온 것이다. 예수님이 하신 달란트 비유도 이 점을 지적하고 있다.

각각 달란트를 받은 세 명의 종에 관한 비유의 마지막 부분에서, 예수님은 "무릇 많이 받은 자에게는 많이 요구할 것이요 많이 맡은 자에게는 많이 달라 할 것이니라"(눅 12:48)라고 말씀하셨다. 하나님께서는 그의 종들에게 책임을 물으신다. 그분의 왕국에서 섬기는 지도자가 되는 영광도 포함해서 우리에게 주신 것을 가지고 무엇을 했는가 반드시 결산해야 한다.

바울은 이 진리를 고린도전서에서 분명히 밝히고 있다. "사람이 마땅히 우리를 그리스도의 일꾼이요 하나님의 비밀을 맡은 자로 여길지어다 그리고 맡은 자들에게 구할 것은 충성이니라"(고전 4:1-2).

수년 전 필자는 이 구절을 인생의 좌우명으로 삼고 살아가는 한 섬기는 지도자를 만났다. 그는 캐나다에서 가장 성공한 주식 중개인 중의 한 사람이었다. 그는 자신의 성공의 비결이 이 기본적인 가르침을 충실히 따른 데에 있다고 강조했다. 그는 하나님께서 그에게 맡긴 모든 이들에게 충성스러운 청지기가 되려고 노력했다. 이러한 그의 청지기적 자세는 그가 고객을 대하는 방식에까지 스며들어 갔다. 그는 인생의 모든 자원과 기회에 대해 하나님 앞에서 책임져야 함을 알았던 것이다.

섬기는 지도자는 궁극적으로 하나님께 책임을 진다. 그리고 하나님께서는 우리가 어떻게 그분의 백성을 이끌고 돌보았는가에 대해서 책임을 물으실 것이다!

11. 내가 내 양을 그들의 입에서 건져내어서(겔 34:10)

마침내 하나님께서는 악한 목자에게서 그분의 양 떼 돌보는 일을 빼앗으시리라고 말씀하신다. 다시 한번 우리는 우리가 이끄는 양들이 하나님께서 기르시는 그분의 양 떼라는 기본적인 사실을 기억해야 한다. 만약 우리가 하나님의 백성을 바르게 섬기지 못한다면, 우리에게서 목자 직을 빼앗아 가실 것이다.

무서운 말이 아닐 수 없다. 많은 이들이 물을 것이다. "하나님께서는 어떤 방법으로 목자들로 하여금 더 이상 양 떼를 돌보지 못하게 하시는가?" 우선 이렇게 대답할 수 있을 것이다. "그것은 하나님의 양이다. 그분은 원하시는 대로 그 일을 이루신다!"

우리는 지금까지 살아오면서 하나님께서 강하고 두려운 손으로 그의 양 떼들을 게으르고 약한 목자로부터 어떻게 옮기시는가를 많이 보아왔다. 때로는 주교나 감독이 어떤 목사를 정직시키고, 어떤 때는 그리스도인 간부가 실직하고, 그리스도인 아버지가 가족을 잃는 경우도 있다. 심지어는 죽음이라는 최후의 수단을 통해서 사역을 그만두게 하시는 경우도 몇 번 보았다.

많은 사람이 이와 같은 가능성을 부인하려 할 것이다. 하지만 하나님은 하나님이시다! 그분은 양 떼를 염려하시며, 자기 '양 떼를 건져내고', '살피겠다'고 약속하셨다(10-11절). 그분은 우리의 실패나 거절과는 무관하게 그렇게 하실 것이다. 그분은 자기 양 떼를 돌보는 선한 목자이시기 때문이다.

공부할 문제

1. 섬기는 지도자가 사람들을 인도하지 못할 때 어떤 일이 일어나는 가?

2. 자기 자신만을 돌보는 지도자들에게 하나님은 어떤 경고를 주시 는가?

3. 섬기는 지도자들이 빠질 수 있는 함정에는 어떤 것들이 있는가?

4. 섬기는 지도자로서 겪은 가장 큰 실패로 여겨지는 것은 무엇인가?

5. 그 실패를 극복하기 위하여 앞으로 어떻게 하겠는가?

제9장

섬기는 지도자
지도자와 추종자

예수님의 진정한 제자가 되기 위해서는 자기 자신을 부인하고

자기 십자가를 지고 그분을 따라야 한다고 했다(막 8:34).

물론 그러기 위해서는 큰 헌신과 순종이 요구된다.

그리고 우리가 주님께 순종하고자 한다면,

그의 몸된 교회에 적극적으로 참여하는 자가 되어야 한다.

이 일에는 그리스도의 종이요,

다른 사람의 종이 될 것도 요구된다!

우리는 그리스도의 종도 되고

다른 사람의 종도 되어야 하는 것이다.

"형제들아 스데바나의 집은 … 성도 섬기기로 작정한 줄을 너희가 아는지라 내가 너희를 권하노니 이같은 사람들과 또 함께 일하며 수고하는 모든 사람에게 순종하라"(고전 16:15-16).

일부 그리스도인들은 지도자(leaders)로 부름을 받는다. 그러나 모든 그리스도인은 추종자(followers)로 부름받는다. 사실 우리 대부분은 지도자인 동시에 추종자로 부름받는다. 이 말이 무슨 의미인지 설명하기 위하여 우리의 주인공인 해리와 존과 매리의 이야기로 되돌아가 보겠다.

기억하겠지만, 매리는 홀어머니이다. 아버지 없이 자녀를 키우는 그런 일을 할 때에 그녀는 섬기는 지도자로 부름을 받는다. 그러면서도 다른 역할도 수행한다. 예를 들어 그녀는 한 지역 교회의 적극적인 교인이기도 하다. 그 신앙공동체 안에서 그녀의 주된 역할은 추종자, 즉 교인의 일원이 되는 것이다.

존은 젊은 간부이다. 간부의 기능을 수행할 때 그는 섬기는 지도자라는 역할 안에서 섬기는 일을 하도록 하나님께 부름받는다. 또 가정 안에서 그는 남편이고 아버지이며, 따라서 섬기는 지도자로서 그 두 가지 역할 모두를 수행하게 된다. 교회에서 그는 기독교 교육위원회의 의장이다. 여기서도 역시 섬기는 지도자로서의 역할을 하는 것이다. 그러나 몇몇 역할에서는 그도 추종자로서 다른 사람을 섬긴다. 교회 교인의 일원으로서 그는 목사와 장로들을 따라야 한다. 그리고 직장에서 일할 때는 회사의 부서장에게 업무 보고를 해야 한다.

목사인 해리에게도 추종자로서의 역할이 있다. 그는 대교회의 담임 목사로서 섬기는 일을 하고 있는 것이 사실이므로, 그는 수많은 사람에게 섬기는 지도자로서의 지도력을 제공해야 할 책임이 있다. 그러나 그에게도 추종자로서의 역할이 있다. 해리는 자신이 속한 특정 교파에서 노회에서의 책임과 역할이 있다. 다른 교파에서는 목사가 감독이나 지역 감리사에게 책임질 수도 있다. 모든 목사와 그리스도인 지도자들은 무엇보다도 하나님 앞에 책임과 의무를 진다. 우리 모두-심지어 지도자들도-는 다른 사람들에 대해 책임질 필요가 있다. 그리스도인은 모두 추종자인 것이다!

추종자의 역할을 능력 있게 해내려면

만일 이 책의 제목을《종된 추종자의 역할을 능력 있게 해내는 방법》(How to Be an Effective Servant Follower)이라고 붙인다면,

아마 몇 부 팔려나가지 않을 것이다. 나의 어머니는 이미 돌아가셨으므로 어쩌면 아버지가 이 책을 구입하는 유일한 사람이 될 수도 있을 것이다.

요점은 명확하다. 대부분 사람은 추종자가 되기를 원하지 않는다는 것이다. 우리는 거의 모두 지도자가 되기를 원하는 것이다! 우리는 첫째가 되고 싶어한다. 더구나 우리는 모든 사람이 저마다 자신의 일을 하려고 하는 남성적 사회에 살고 있다. 우리가 탄 배의 선장이거나, 우리 운명의 주인이 되기를 원한다. 이러한 의식 구조를 우리는 '독립심'(independent spirit)이라고 부른다.

우리는 자신의 본능을 따르려는 경향이 있지만, 예수님은 우리에게 자기 자신을 부인하고 자신의 십자가를 지고 주님을 따라야 한다고 말씀하신다(막 8:34). 우리는 우리 자신의 욕구 충족시키기를 즐겨 하지만, 하나님께서는 우리의 육신을 쳐 복종시켜야 하며 그래야만 주님을 섬길 수 있다고 말씀하신다(고전 9:27).

내가 생각하기에, 섬기는 지도자의 자질을 판가름할 수 있는 척도는, 그가 진정 기꺼이 섬기는 추종자가 되고자 하는가 아닌가의 여부라고 생각한다. 먼저 우리는 예수 그리스도를 주님으로 알고 따르며, 다음으로 하나님께서 우리의 지도자로 세우신 사람들을 따른다.

하나님의 말씀인 성경은 추종자의 역할을 훌륭하게 해낼 수 있는 지침을 준다. 예를 들어 바울은 고린도 교회에 보내는 첫 번째 편지를 마무리하면서 아가야 지방의 첫 번째 회심자인 스데바나 집안 사람들을 언급한다. 그는 교회 지도자들인 그들을 "성도 섬기기로 작정한"(고전 16:15) 사람들이라고 했다. 다시 말하면, 바울의 말에는 그들이 단순히 수동적으로 성도들을 섬기지는 않았다는 의미가 내포되어 있는 것이다. 그들은 적극적으로 섬겼으며, 섬기는 지도자의 살아있는 표본이었다.

바울은 고린도의 신자들에게 그 지도자들과 또 이 섬기는 일에 동참하는 모든 사람에게 복종하라고 가르쳤다(고전 16:16). 그러고 나서 그는 필요한 물품들을 가지고 자신을 찾아온 스데바나와 브드나도와 아가이고에 대해 이야기했다. 그렇게 함으로써 그들은 바울에게 큰 격려가 되어주었고, 그의 마음을 시원하게 해 주었다. 바울은 "이런 사람들은 알아 주라"(고전 16:17, 18)는 말로 결론을 내리고 있다.

여기서 바울은 교회 안의 그런 섬기는 지도자들, 하나님께 부름을 받고 성령께 기름부음받은 지도자들은 당연히 알아 주어야 한다는 점을 명확히 하고 있는 것 같다. 우리는 그들의 권위를 인정하고 받아들여야 한다.

히브리서 기자는 "하나님의 말씀을 너희에게 일러주고 너희를 인도하던 자들을 생각하며 그들의 행실의 결말을 주의하여 보고 그들의 믿음을 본받으라"(히 13:7)라고 권면한다. 이 가르침, 특별히 '추종자들'에게 주는 이 말씀은 바울이 지도자의 관점에서 했던 말, 즉 "내가 그리스도를 본받는 자가 된 것 같이 너희는 나를 본받는 자가 되라"(고전 11:1)는 말과 병행을 이룬다.

지도자들에게 순종하라

다음으로 히브리서 기자는 좀 더 구체적인 가르침을 제시한다. "너희를 인도하는 자들에게 순종하고 복종하라 그들은 너희 영혼을 위하여 경성하기를 자신들이 청산할 자인 것 같이 하느니라 그들로 하여금 즐거움으로 이것을 하게 하고 근심으로 하게 하지 말라 그렇지 않으면 너희에게 유익이 없느니라"(히 13:17). 이 구절은 하나님의 나라에서 다른 사람을 인도하고 또 인도자를 따르는 것에 관해 몇 가지 중요한 원칙을 제시해 주고 있다.

1. 지도자들에게 순종하라.

첫째로 순종의 문제가 있다. 순종은 그리스도의 제자도의 핵심이다. 신실한 그리스도인치고 모든 일에서 하나님께 순종해야 한다는 사실을 부인하는 사람은 없을 것이다. 예수께서는 "사람이 나를 사랑하면 내 말을 지키리니 내 아버지께서 그를 사랑하실 것이요, 우리가 그에게 가서 거처를 그와 함께 하리라 나를 사랑하지 아니하는 자는 내 말을 지키지 아니하나니"(요 14:23-24)라고 말씀하셨다. 요한이 여기서 하는 말은, 우리가 그리스도께 순종하면 그분과 또 아버지께서 성령의 인격으로 우리와 함께 거하시리라는 것이다. 예수께서는 "그러나 너희는 그를 아나니 그는 너희와 함께 거하심이요"(요 14:17)라고 말씀하셨다.

하나님께 순종하면 우리 삶에 성령께서 임재하사 능력을 행하신다. 우리가 알고 있다시피, 성령과 더불어 "사랑, 희락, 화평, 오래 참음, 자비, 양선, 충성, 온유, 절제" 등의 성령의 열매도 함께 임한다. 이 모든 것은 순종하는 삶에 따르는 부수적 유익들이다.

그러나 우리가 순종해야 하는 데에는 또 다른 중요한 이유가 있다. 우리는 그리스도께 순종함으로써 그분에 대한 사랑을 표현하는 정도만으로는 충분하지 않다. 그리스도에 대한 사랑의 증거는 바로 우리의 순종이다!

그리고 그 순종의 삶은 하나님께서 우리의 삶 가운데 세워 주신 지도자들에게까지 확장된다. 하나님께서는 말씀하시기를, 그 지도자들이 우리에게 그리스도께 순종하는 삶의 방향을 지적해 줄 때에 우리는 그들에게 순종해야 한다고 강조하신다. 이것은 맹목적으로 순종하라는 것이 아니라 하나님 나라에서 그들을 우리의 지도자로 세우신 그리스도께 순종하라는 의미이다.

2. 그들의 권위에 순복하라.

순종은 우리 모두에게 하나의 큰 도전이다. 그러나 하나님의 말씀은 여기서 한 걸음 더 나아가, 우리가 이 섬기는 지도자들의 권위에 순복해야 한다고 강조한다. 우리는 이 '순복'이라는 단어의 뜻을 적당히 조절해서 우리의 구미에 맞는 것으로 만들 수도 있다. 사실 어느 누구도 순복하기를 좋아하지 않으며, 권위를 좋아하는 사람도 없기 때문이다!

하나님께서는 지도자들에게 순복하라고 우리에게 가르치신다. 에베소서 5장에서 보게 되는 '피차 복종' 이상의 의미를 담고 있다. 이것은 하나님께서 친히 그 지도자들에게 권위를 주셨기 때문에 있을 수 있는 실제적이고도 진실한 순종이다.

3. 그들은 우리 영혼을 위하여 경성한다.

섬기는 지도자가 하는 역할 중의 하나는, 그들에게 위탁된 영혼들을 위하여 늘 경성해 있는 것이다. 선한 목자가 그 양떼를 지키는 것같이, 섬기는 지도자는 하나님의 백성을 늘 경계하며 지킨다.

우리 중에는 이런 사실에 위로와 격려를 얻는 사람들이 있다. 우리에게 돌보는 목사님이 계시다는 것은 참으로 놀라운 일이다. 병이 들었거나 외로울 때, 우리는 목사님을 청할 수 있으며, 또 그가 나를 돌보아 주리라는 것을 알 수 있다. 우리에게는 언제라도 달려가 도움을 청할 수 있는 누군가가 있는 것이다.

그러나 그중에는 누군가가 항상 자신을 지켜보고 있다는 사실에 위협을 느끼는 사람들도 있다. 지난 11년간의 사역 기간에 필자는 교인 수가 몇천 명이나 되는 대형교회 두 곳에서 시무했다. 그 기간에 내가 깨달은 사실 한 가지는, 일부 사람들은 단지 익명성이 보장된다는 이유 하나 때문에 대교회에 출석한다는 것이었다. 그들은 교회 일에 연관되거나 그 누구에게도 책임을 지기를 원하지 않았다.

예를 들어, 필자가 할리우드제일교회에서 교역자로 시무하던 시절, 주일 예배가 끝나고 나는 나이 지긋한 부인 한 사람을 만났다. 그때 그 부인은 내 마음에 깊은 상처를 남기는 말을 했다. 그 부인은 눈을 깜박거리며 이렇게 말했다. "저는 이 교회에 거의 20년 동안 출석했는데, 이렇게 목사님하고 이야기를 나눠 보기는 처음입니다." 다시 말해 그 부인은 그 오랜 세월 동안 목사님과 마주치는 것을 피해 온 것이다. 그 부인은 그동안 그리스도의 몸인 교회와 아무 연관도 맺지 않은 채 얽매이지 않는 상태를 즐겨 온 것이다!

진정한 의미에서, 그런 사람들은 누구에게도 순종하기를 원하지 않으며 어떤 권위에도 순복하려 하지 않는다. 그런 사람들은 하나님과도 그런 관계를 맺으려고 한다. 그들은 전혀 헌신도 하지 않으면서 교회가 주는, 또 그리스도의 제자됨에 따르는 모든 '부수적 유익들'을 받아 누리려는 어리석은 시도를 하는 것이다. 안타깝게도 그들은 그리스도인에게는 그런 식의 생활 양식이 존속될 수 없다는 것을 깨닫지 못하는 듯하다.

예수님의 진정한 제자가 되기 위해서는 자기 자신을 부인하고 자기 십자가를 지고 그분을 따라야 한다고 했다(막 8:34). 물론 그러기 위해서는 큰 헌신과 순종이 요구된다. 그리고 우리가 주님께 순종하고자 한다면, 그분의 몸 된 교회에 적극적으로 참여하는 자가 되어야 한다. 우리는 그리스도의 종도 되고 서로의 종도 되어야 하는 것이다. 우리 각 사람은 서로를 섬기고 그리스도의 장성한 분량에 이르기까지 서로를 세워주는 데 각자의 영적 은사를 사용해야 한다.

4. 지도자들은 청산을 해야 한다.

우리 모두는 하나님의 가족 안에서 각자의 행동에 책임을 져야 한다. 섬기는 지도자들을 따르는 자들은 그들에게 순종하고 그들의 권위에 순복할 책임이 있는 것처럼, 섬기는 지도자들은 하나님께서 자신에게 위탁하신 사람들을 어떻게 돌보았는지에 관해 하나님께 책임을 져야 한다. 섬기는 지도자가 된다는 것은 크나큰 특권인 동시에 거룩한 책임이기도 한 것이다!

이 가르침은 달란트 비유를 떠올리게 한다(마 25장). 예수께서는 한 종에게 한 달란트를, 또 한 종에게 두 달란트를, 또 다른 종에게 다섯 달란트를 주고 지혜롭게 투자할 것으로 생각했다. 그러나 사업상의 일정을 마치고 돌아온 그가 종들에게 들은 대답은 한결같지가 않았다. 두 달란트 받은 종은 그것을 투자하여 두 배의 이익을 남겨 모두 네 달란트를 주인에게 바칠 수 있었다. 다섯 달란트 받았던 종 역시 두 배의 이익을 남겼다. 기쁨에 겨운 주인은 그 두 종에게 이렇게 말했다. "잘하였도다 착하고 충성된 종아 네가 적은 일에 충성하였으매 내가 많은 것으로 네게 맡기리니 네 주인의 즐거움에 참여할지어다"(23절).

그러나 한 달란트 받은 종은 그것을 투자한 것이 아니라 땅에 묻어 두었다고 했다. 이 게으른 종에게 그 주인은 이렇게 말했다. "그에게서 그 한 달란트를 빼앗아 열 달란트 가진 자에게 주라 … 이 무익한 종을 바깥 어두운 데로 내쫓으라 거기서 슬피 울며 이를 갈리라"(28-30절).

이 비유가 말하는 진리는 히브리서의 이 교훈과 강력하게 연관된다. 모든 섬기는 지도자들은 언젠가 그 주인 앞에 나아가 그분께서 그들에게 맡기어서 돌보게 하신 자들의 삶 가운데서 어떻게 청지기직을 수행했는지에 관해 청산을 해야 한다. 섬기는 지도자는 하나님 앞에서 청산해야 하는 것이다!

5. 그들이 자신의 일을 기쁨으로 여기게 하라.

히브리서 기자는 지도자들에게 순종하여 그들로 하여금 "즐거움으로 이것을 하게 하고"(히 13:17)라고 다시 한번 권면한다. 얼마나 실제적이고 즐거운 가르침인가! 이 교훈은 오래전 십대 시절, 내가 아기 보는 일을 하던 때의 체험을 떠올리게 한다. 필자는 아이들을 너무너무 좋아했기 때문에 아기를 돌보는 것 또한 거의 절대적이라 할 만큼 즐거운 일이었다. 하지만 그것은 아이들이 서로 싸우거나 말대답하지 않고 얌전하게 행동하며 내 말을 잘 들을 경우의 이야기였다. 다시 말해 아이들이 내 말에 순종할 때 한하여 하는 말이다. 그럴 때의 아이들은 내게 짐이 아니었다. 나는 그 애들과 함께 있는 시간이 너무 즐거웠다.

그러나 아기 보는 일에 즐거움이란 전혀 없고 크게 짐스럽기만 했던 체험도 있다. 아이들이 버릇없이 굴거나 말을 듣지 않을 때가 바로 그런 경우이다. 순종과 불순종이 아기 보는 사람의 삶에 얼마나 큰 차이를 만들어 낼 수 있는가! 이것은 섬기는 지도자의 경우에도 마찬가지이다.

6. 그렇지 않으면 너희에게 유익이 없다.

지도자를 따르는 자가 지도자에게 짐이 되면 모두가 다 손해이다. 어느 쪽도 승자가 아니다. 히브리서 기자는 그 사실을 이렇게 표현한다. "그들로 하여금 즐거움으로 이것을 하게 하고 근심으로 하게 하지 말라 그렇지 않으면 너희에게 유익이 없느니라"(17절). 얼마나 옳은 말인가!

추종자는 여러 측면에서 지도자에게 짐이 될 수 있다. 그러나 그런 종류의 행동은 지도자를 따르는 자에게 아무 유익이 되지 않으며, 지도자에게도 유익이 되지 않는다. 양쪽 다 아무

것도 얻지 못한다. 하나님의 백성이 그들을 사랑하고 그들을 헌신적으로 돌보며 또 그들을 세워주는 지도자들에게 순종할 때, 거기에는 기쁨이 있고 축복이 있다!

하나님의 인정을 받음

섬기는 지도자로서 직면하게 되는 큰 유혹 중의 하나는, 다른 사람들, 특히 자신의 지도를 따르는 사람들로부터 인정을 받고 싶어한다는 것이다. 자녀를 기르는 부모들이 끊임없이 이런 유혹에 부딪히는 것처럼, 목사나 교사 그리고 그리스도인 고용주들도 늘 이런 유혹과 마주치게 된다. 바울은 갈라디아의 그리스도인들과의 관계에서 이런 문제에 부딪혔다. 그는 그들에게 이렇게 써 보냈다. "이제 내가 사람들에게 좋게 하랴 하나님께 좋게 하랴 사람들에게 기쁨을 구하랴 내가 지금까지 사람들의 기쁨을 구하였다면 그리스도의 종이 아니니라"(갈 1:10).

바울은 문제가 되는 사항을 간략히 표현하여 핵심을 드러내주는 탁월한 능력을 가지고 있다. 갈라디아 교회 사람들은 거짓 교사들의 미혹으로 길을 잃고 헤매는 중이었다. 그들은 예수 그리스도의 섬기는 지도자가 아닌 다른 지도자들에게 영향받고 있었다. 그 지도자들은 하나님의 뜻이 아닌 그들 자신의 뜻을 가지고 있었다. 그들은 자신의 나라를 세우는 데 관심이 있었다. 바울은 하나님과 하나님의 진리로 돌아오라고 갈라디아 그리스도인들에게 호소했다. 그들의 교회를 세운 사람도 바울이었다. 그들은 대부분 바울의 인도로 그리스도께 대한 개인적 신앙을 갖게 된 부류의 사람들이었다. 따라서 그는 그들이 거짓 교사들에게 이끌려 길을 잃는 것을 지켜보고만 있을 수 없었다.

그는 아주 직접적인 말로 그들을 꾸짖으면서, 섬기는 지도자로서의 자신의 자격을 다시 한번 공고히 했다. 첫째, 그는 자신이 진리와 타협하면서 사람들의 인정을 받으려고 하지 않았다는 것을 보여준다. 그보다 그는 하나님의 인정을 받는 데에 관심이 있었다.

둘째, 그는 사람들을 기쁘게 하는 일에 관심이 없었다고 주장한다. 만일 사람을 기쁘게 하는 것이 목적이었다면 자신은 예수 그리스도의 종일 수 없었으리라는 점을 상기시킨다. 그가 말하려는 요점은 아주 중요하다. 우리가 사람을 기쁘게 하거나 그들의 인정을 받으려고 한다면 우리는 예수 그리스도의 참된 종으로서 그 역할을 감당할 수 없으리라는 것이다. 우리는 다음과 같은 예수님의 근본적인 가르침으로 되돌아갈 필요가 있다. "한 사람이 두 주인을 섬기지 못할 것이니"(마 6:24).

섬기는 지도자의 궁극적인 목적은 자신을 따르는 사람들을 사랑하고, 그들로 하여금 예수님을 따르도록 격려하며, 그들이 영적으로 성숙한 자가 되기까지 양육하는 것이다. 이것이 바로 바울이 갈라디아 그리스도인들을 위해 기꺼이 하고자 했던 일이다.

그는 그들에게 진리를 가르치는 것, 즉 그들에게 책임을 환기시키는 것이 자신이 그들에게 줄 수 있는 가장 훌륭한 선물이 된다는 것을 알고 있었다. 그들이 어떤 잘못된 길을 가고 있는지를 알려 주고 예수께로 돌아오게 해주는 것이 그가 그들에게 보여줄 수 있는 가장 큰 사랑의 행위일 것이다. 그가 지닌 가장 중요한 자격은 자신이 예수 그리스도의 종이라는 점이었다. 그는 그 누구나 그 어떤 것을 위해서도 그 자격을 포기하지 않을 것이었다. 그 어떤 것이 설령 갈라디아인들의 인정을 받는 것이라 할지라도 말이다.

이것은 우리가 깨우쳐야 할 중요한 교훈이다. 인생에서 지고한 소명과 지대한 업적은 예수 그리스도의 종이 되는 것임을 깨닫는 것 말이다. 바울은 자신의 서신 대부분에서 스스로를 '예수 그리스도의 종'이라고 소개한다.

베드로와 야고보 역시 그랬다. 그리고 우리도 그래야 한다.

이것은 우리의 가장 큰 영광이다. 예수 그리스도의 종이라니!

공부할 문제

1. 누가 추종자로 부름을 받는가?

2. 어떻게 능력 있는 추종자가 될 수 있는가?

3. 추종자들은 그 지도자들에게 어떻게 순종해야 하는가?

4. 섬기는 지도자는 자신을 따르는 자들에게 어떤 책임을 지는가?

5. 섬기는 지도자는 어떻게 하나님의 인정을 받는가?

제10장

섬기는 지도자
해야 할 일과 하지 말아야 할 일 몇 가지

일반 세상의 지도자들은 자기 자신을 드높인다.

그들을 묘사하는 핵심 단어는 '교만'이다!

그들은 개인적인 권력을 얻고 인정을 받기 위해

'밀어붙이고', 남을 '억누르며', '술수'를 쓴다.

그러나 우리 주님의 나라에서 그런 행동들은

확실한 패망으로 이어진다.

"내가 모든 사람에게서 자유로우나 스스로 모든 사람에게 종이 된 것은 더 많은 사람을 얻고자 함이라"(고전 9:19).

　예수 그리스도를 따르라는 초청의 말은 국적이나 피부 색깔, 혹은 경제적 지위에 상관없이 모든 사람에게로 확장되었다. 하나님은 사람을 차별하시는 분이 아니다. 하지만 하나님은 자신의 가족이 되라고 누구에게 강요하시는 법은 결코 없다. 선택은 우리에게 달린 것이다!

　섬기는 지도자가 되는 데에도 같은 원칙이 적용된다. 하나님께서는 많은 사람을 부르사 섬기는 지도자의 역할과 책임을 맡게 하시지만, 그 초청을 받아들이라고 우리에게 강요하시지는 않는다. 젊은 부자 관리에게 하나님의 나라로 들어오기를 청하셨을 때처럼, 그분은 우리에게 그 청을 받아들이거나 거절할 기회를 주신다. 안타깝게도 그 부자 청년은 자기 돈을 너무 사랑한 나머지 그것을 포기할 수 없다는 결론에 이르렀다. 그는 자신의 돈의 '종' 또는 '노예'였던 것이다. 그리고 그의 삶은 한 사람이 두 주인을 섬길 수 없다는 예수님의 가르침을 웅변으로 보여주었다. 그래서 그는 예수님의 초청을 거절하고 예수님으로부터 멀어져갔다(마 19:16-30, 막 10:17-23, 눅 18:18-30).

　바울은 말하기를, 자신은 자유롭지만 그리스도와 사람들에 대한 사랑으로 인해, 기꺼이 모든 사람의 종 또는 노예가 되어 그들을 그리스도께로 인도하고자 한다고 했다(고전 9:19).

'종'의 길은 여전히 섬기는 지도자로서의 우리에게 기본적 모델이 되고 있다. 선택은 우리에게 달려 있다. 리처드 포스터(Richard Foster)는 그의 훌륭한 저서 《훈육예찬》(The Celebration of Discipline)에서 선택에 의해 종 또는 노예가 된다는 것이 무슨 의미인지 다음과 같이 명확하게 설명하고 있다.

> "그러나 종이 되기를 선택할 때 우리는 주장할 권리를 포기하는 것이다. 여기에는 크나큰 자유가 있다. 자발적으로 남에게 이용되기를 선택한다면 남에게 조종당하지 않아도 된다. 종이 되기를 선택할 때 우리는 누구를 언제 섬겨야 할지 결정할 권리를 포기한다. 언제 어디서 누구에게든지 부림을 당할 수 있게 되고 약점도 그대로 드러내게 되는 것이다.
>
> (…) 노예의 관점을 생각해 보라. 노예는 자기의 인생 전체를 노예 상태의 관점에서 본다. 그는 자신을 자유자와 똑같은 권리를 가진 자로 보지 않는다. 내 말을 잘 이해하라. 이런 노예 상태가 강요에 의한 것이라면, 이것은 참으로 잔인하고 비인간적인 처사이다. 그러나 그 노예 상태가

자유로운 선택에 의한 것이라면, 상황은 전혀 달라진다. 자발적인 노예 상태는 커다란 기쁨인 것이다."[11]

사람들을 섬김

우리가 살핀 대로, 사랑은 섬기는 지도자들의 기본적인 행동 동기이다. 그런 지도자들은 단순히 '의무'만을 보지 않고 '사람들'을 본다. 그들은 '단기간의' 전략과 더불어 '장기간의' 목표를 갖고 있다. 그 장기간의 목표 중의 하나는 사람들로 하여금 성숙의 단계에 이르기까지 성장할 수 있게 하는 것이다. 즉, 하나님께서 그들을 어떤 의도로 창조하시고 어떤 소명으로 그들을 부르셨든, 가능한 한 그에 가장 비슷한 모습이 될 수 있게 해주는 것이다.

바울은 선언하기를, 자신의 '단기간의' 전략은 가능한 한 많은 사람을 그리스도의 나라로 이끄는 것이라고 했다. 그래서 그는 자기의 삶과 관련을 맺는 모든 사람을 그리스도께로 이끌려는 목적을 가지고, 기꺼이 그들의 종이 되고자 했다(고전 1:9).

섬기는 지도자로서의 바울의 역할은 보통 사람들이 행하고 있는 전통적인 지도자의 역할(즉, 자신에게 맡겨진 양 떼의 종이 된 목사, 고등학교 여학생반을 맡은 주일학교 교사, 남편과 세 아이를 돌볼 책임이 있는 가정 주부 등)과는 달라 보인다.

그러나 바울이 제시하는 기본 원리는 진정한 섬기는 지도자 모두에게 적용될 수 있는 원리이다. 그 원리란, 모든 사람에게 모든 것이 되기로 헌신함으로써 어떤 수단으로든 사람들을 구원해야 한다는 것이다(고전 9:27). 바울이 말한 그런 헌신은 무엇을 의미하는가? 이 질문에 대한 대답은 바울 자신의 전략에서 찾아볼 수 있다고 나는 생각한다. 그는 유대인들과 함께 있을 때는 같은 유대인으로서 그들을 섬기려고 했다. 그는 그들의 풍습과 행동양식에 민감하게 반응했다. 그리고 또한 율법 아래 있지 않은 자들과 함께 있을 때는 그에 따라 적절하게 그들을 섬기려고 했다.

그리고 약한 자들과 함께 있을 때는 약한 자가 되어 그들을 섬기려고 했다. 그의 그런 태도는 인도 콜카타(Calcutta)에서 가없은 사람들을 그토록 자애롭게 섬기고 있는 그 연약하고 온유한 그리스도의 종 테레사 수녀를 연상케 한다. 바울은 그리스도인으로서의 순결성을 훼손하지 않는 한, 필요하다면 무엇이라도 되려고 애를 썼다. 그는 사람들을 그리스도께로 인도한다는 구체적인 목표를 가지고 있었던 것이다.

섬기는 지도자들은 모두 그와 같은 고귀한 목표를 가질 필요가 있다. 그런 목표가 없으면, '하나님을 섬기는 것'이 아니라 '

자기 자신을 섬기는' 올무에 빠져들고 만다. 섬기는 지도자들은 단순히 다른 사람들을 섬기기만 하는 것이 아니라 사람을 섬기고 하나님의 목적을 섬기는 것이다.

바울은 다음과 같은 말로 이 진리를 잘 요약한다. "우리는 우리를 전파하는 것이 아니라 오직 그리스도 예수의 주 되신 것과 또 예수를 위하여 우리가 너희의 종 된 것을 전파함이라"(고후 4:5). 궁극적으로 그것이 바로 우리가 다른 사람의 종이요 섬기는 지도자가 되는 이유이다. 바로 예수님을 위해서인 것이다! 우리는 우리 자신의 생각을 이루어 나가는 것도 아니고 다른 누구의 생각을 성취해 나가는 것도 아니다. 우리는 하나님의 뜻을 알고 그 뜻을 행하려는 것이며, 다른 사람들도 그렇게 할 수 있도록 격려하려는 것이다.

우리는 우리 자신을 전파하지 않는다. 즉, 우리는 단순히 우리 자신의 생각과 기호를 전달하는 게 아니다. 또한 우리는 한 개인의 나라를 세우기 위해 애쓰는 것도 아니다. 섬기는 지도자들은 끊임없이 그런 교묘한 유혹에 직면한다고 할지라도 결코 자기 자신을 드러내는 일에 휘말려서는 안 된다는 사실을 명심해야 한다.

나 자신도 사역하면서 자주 그런 유혹을 느끼곤 한다. 흥미로운 것은, 일이 그다지 잘 풀려나가지 않는다거나 사람들이

나를 따라 주지 않는 것처럼 생각되거나 혹은 내가 내 생각만큼 인정받지 못하고 있다고 느껴질 때에 나 자신을 드러내 보이고 싶은 유혹이 강하게 든다는 것이다.

그러나 하나님의 나라에서는 전략이 전혀 다르다. 섬기는 지도자가 불확실함이나 불안정함을 느낄 때, 또는 길을 잃었다고 생각될 때, 그들은 전심을 다해 하나님을 찾을 필요를 인식한다. 하나님은 우리의 지도력, 우리의 사랑, 우리의 능력의 원천이기 때문이다. 그리고 그분은 우리가 인도해 나가야 할 방향을 확립해 주시는 유일한 분이다. 다시 말해, 섬기는 지도자는 하나님께 인도를 구하고 기도하는 지도자가 되어야 한다는 것이다. 그들은 자신을 인도하시는 분과 끊임없이 교제하고 교통하며 살아야 한다. 그리스도를 따를 때야 비로소 그들은 다른 사람을 인도할 수 있는 것이다.

갈 바를 모른다거나 어떤 조처를 해야 할지 모른다고 시인한다고 해서 그것이 실패나 연약함을 나타내는 것은 아니다. 솔직히 말해 나 자신도 자주 그런 처지에 놓이곤 했다. 최근 필자는 레이크에비뉴 회중교회의 식구들을 목회자의 입장에서 어떻게 하면 더 잘 돌볼 수 있을까 하는 문제로 깊이 고민하게 되었다. 나는 어떻게 해야 할지를 몰랐다. 다만 내가 목회했던 다른 교회에서 효과가 있었던 방법은 알고 있었다. 나는 그것에 더하여서, 우리 교회가 직면하고 있는 근본적인 문제점들을 잘 해결한 바 있는 다른 목사들과 자매 교회들로부터 몇 가지 유익한 정보와 통찰을 얻었다.

그러나 이때 주님께서 내 마음과 생각 속에 들어오셔서 과연 내가 어느 방향으로 가야 할지 확실한 지침을 주신 것은 아니었다. 그래서 필자는 교역자들 및 교회식구들과 이 문제를 함께 의논했다. 나는 그들을 불러서 함께 기도하고 함께 주님의 뜻을 찾아 구했다. 주님께서 확실한 방향을 제시해 주신다고 확신이 들기까지는 어떤 식으로든 성도들을 움직이거나 인도하지 않겠다고 나는 그들에게 약속했다. 간단히 말해 우리의 목표는 하나님의 뜻을 찾아 행하는 것이었다.

독자도 예상할 수 있겠지만, 하나님께서는 우리의 기도에 아주 놀랍게 응답하셨다. 우리는 〈전 교회 계획〉(All Church Planning)이라는 계획안을 세운 후 예비 조사단을 조직하여 그들로 하여금 전 교인을 지도하게 하였다. 주께서는 우리로 하여금 몇 가지 중요한 결론에 이르게 하셨고, 그 결과 우리는 적절한 전략에 생각을 같이하게 되었다. 지금 우리는 목회자들이 좀 더 효과적으로 교인 돌보는 일을 아주 잘해 나가고 있다. 하나님의 인도와 그분의 뜻을 구하자 우리의 기도에 응답하신 것이다!

필자는 하나님께서는 그런 기도에 언제나 신실하게 응답해 주신다고 믿는다. 우리가 그렇게 할 기회만 드린다면 하나님은 언제라도 우리를 인도하고 지도하고 싶어하신다! 우리가 섬기는 지도자의 역할을 잘 감당하고자 한다면 끊임없이 다른 사람을 청하여 함께 하나님의 뜻을 구해야 한다.

그런데 이런 종류의 지도력을 행사하다 보면 교만이라는 특정한 도전에 직면하게 된다. 사람들을 어디로 인도해야 할지 알지 못한다면 그런 자기 자신에 대해 죄의식을 갖게 하고 스스로 자격이 없는 지도자라고 자책하게 만드는 사람들이 주변에 늘 있기 마련이다. 그들은 지도자들이 갈 바를 확실히 알지 못하여 망설이는 것을 곧 그 지도자의 실패로 간주한다. 지도자는 무엇을 해야 하고 어디로 가야 할지를 항상 분명히 알고 있어야 한다고 생각하는 탓에, 사실은 알지도 못하면서 아는 체하는 지도자들이 많은 분위기 속에서 우리 대부분은 그렇게 지내왔다. 게다가 합리성을 존중하는 우리 사회는, 유능한 지도자라면 과연 어느 길이 최선인지를 논리적으로 결정할 수 있어야 하고, 또 그에 대한 타당한 이유를 댈 수 있어야 한다는 생각을 암암리에 조장하고 있다.

그러나 하나님의 나라에서는 그렇지 않다. 섬기는 지도자로서 우리의 헌신은 하나님께서 이끄시는 방향으로 따라가야 한다. 즉, 그분이 제시하시는 방향을 따라야 하는 것이다! "어디든지 주를 따라 주와 같이, 같이 가려네"라는 찬송을 주제가로 삼는 것이 좋다. 만일 그분께서 우리를 어디로 인도하시는지 알지 못한다면 그 방향을 확실히 알게 될 때까지 절대 움직이지 말아야 할 것이다.

나는 모세처럼 행동하는 것이 현명하다고 생각한다. 그는 광야에서 낮에는 하나님의 구름 기둥을 기다렸고, 밤에는 불기둥을 기다렸다. 또 자신이 과연 하나님의 뜻을 행하는 것인지 확신을 받기 위하여 하나님 앞에 양털을 갖다 놓았던 사사 기드온을 본받아도 좋다. 그리고 홍수가 끝난 후 하나님께서 정하신 바 자신과 식구들이 방주에서 나와도 좋은 때가 되었는지 알아보기 위해 비둘기를 날려 보냈던 노아의 본을 따라도 좋다. 그리고 아버지의 뜻을 알고 행하기 위해 겟세마네 동산에서 홀로 고뇌하며 기도하셨던 예수님의 본을 따르자.

교만 & 겸손

교만해지려는 유혹을 받을 때, 죄를 고백하기보다는 숨기려는 유혹을 받을 때, 갈 바를 알지 못하면서 아는 체하는 때가 언제인지 인정하도록 하자. 모든 것을 가능하게 하시는 하나님의 능력으로, 우리의 약함을 시인하고 모든 것을 아시는 하나님께 끊임없이 의지해야 할 우리의 필요를 인정하도록 하자. 인간에게 일어나는 모든 일에 대해 하나님께서 언제나 합리적인 근거나 이유를 제시하시지 않는다는 것을 인정하자. 욥에게 그러셨던 것처럼, 하나님께서는 온 마음을 다하여 그분만을 신뢰하고, 우리의 지식에 의지하지 말 것을 요구하신다. 그리고 나서 그분은 어떤 상황에서든 주님을 인정하라고 우리에게 촉구하신다. 우리가 그렇게 할 때 그분은 우리의 걸음을 인도해 주시겠다고 약속하신다(잠 3:5, 6).

이것이 하나님의 인도와 지침을 구하기 위한 기본 모델이다. '교만'은 혼자 힘으로 해 보라고 우리에게 말하지만 하나님은 자신과 함께 가자고 말씀하신다. 교만은 우리 자신의 본능을 따르라고 말하지만, 하나님은 자신을 따르라고 말씀하신다. 교만은 인간의 지식과 합리적인 방법을 활용하라고 말하지만, 하나님은 자신을 인정하라고 말씀하신다. 교만은 '아는 체' 하라고 말하지만 하나님은 진리로 하여금 우리를 자유롭게 하라고 말씀하신다. 교만은 절대 남에게 약하게 보이거나 불안정하게 보이지 말라고 말하지만 하나님은 우리의 약함 가운데 그분의 능력이 완전해진다고 말씀하신다. 교만은 사람들로 하여금 자신에게 초점을 맞추게 하라고 말하지만, 하나님은 사람들로 하여금 예수께 시선을 고정하고 우리와 함께 그분을 따르게 하라고 말씀하신다!

하나님께서는 교만은 패망의 선봉이며 자기 자신을 높이는 자는 낮아질 것이라고 경고하신다. 잠언은 이를 아주 강력하게 경고하고 있다. "무릇 마음이 교만한 자를 여호와께서 미워하시나니 피차 손을 잡을지라도 벌을 면하지 못하리라"(잠 16:5). 하나님은 교만을 미워하신다. 교만은 하나님께 가증한 것이다.

이와 대조적으로 하나님은 겸손한 자를 사랑하신다. 섬기는 지도자는 겸손한 마음과 정신을 가져야 한다. 주께서는 "무릇 자기를 높이는 자는 낮아지고 자기를 낮추는 자는 높아지리라"(눅 14:11)고 선언하신다. 성경은 또한 "하나님이 교만한 자를 물리치시고 겸손한 자에게 은혜를 주신다"(약 4:6)고 약속한다. 야고보는 또한 다음과 같은 놀라운 약속의 말씀을 전해 준다. "주 앞에서 낮추라 그리하면 주께서 너희를 높이시리라"(약 4:10).

일반 세상의 지도자는 자신을 높인다. 그들을 묘사하는 핵심 단어는 '교만'이다! 그들은 개인적 권력을 획득하고 남에게 인정을 받기 위해 '밀어붙이고', 남을 '억누르며', '술수'를 쓴다.

그러나 우리 주님의 나라에서 그런 행동은 확실한 실패로 이어진다. 하나님께서는 주 앞에서 "자기를 낮추라"고 섬기는 지도자들에게 가르치신다. 그렇게 하는 것이 우리의 책임이다. 그리고 하나님의 나라 안에 두시기로 선택하신 자들을 높이고 성장시키시는 것은 하나님께서 하실 일이다. 하나님의 나라에서 큰 자가 된다는 것은 예수 그리스도의 겸손한 종이 된다는 것이다.

섬기는 지도자는 친절하고 온유하다

섬기는 지도자는 겸손해야 할 뿐 아니라 친절하고 온유해야 한다. 바울은 젊은 지도자 디모데에게 다음과 같은 말로 이 교훈을 주었다. "주의 종은 마땅히 다투지 아니하고 모든 사람에 대하여 온유하며 가르치기를 잘하며 참으며 거역하는 자를 온유함으로 훈계할지니 혹 하나님이 그들에게 회개함을 주사 진리를 알게 하실까 하며"(딤후 2:24-25).

이 간결한 문장에서 바울은 섬기는 지도자를 위한 몇 가지 부가적인 지침을 주고 있다.

첫째, 섬기는 지도자는 다른 사람과 다투어서는 안 된다. 남을 지도하는 은사를 가진 대부분의 사람은 유능한 '설득자'가 되는 법을 배워야 한다. 우리는 흔히 말이나 논쟁으로 상대방을 압도함으로써 자기 생각을 관철하려고 하지만 섬기는 지도자는 그런 전략을 취하지 않는다고 바울은 말한다.

오래전 시카고의 신학생 시절에 필자는 이런 접근 방법의 생생한 예를 목격했다. '신은 죽었다'는 논쟁이 한창이던 그 시절, 내가 다니던 신학교에서는 이 문제를 가지고 토론회를 열었다. 복음주의 신학계의 주도적인 신학자 한 사람이 '하나님은 죽었다'는 신학을 옹호하는 한 자유주의 신학자와 논쟁하게 되었다.

그 복음주의 신학자는 확고한 성경적 진리를 주장했지만, 적대적인 말과 분노한 듯한 대립적인 태도로 그 진리를 전달했다. 반면에 그 자유주의 학자는 말 자체는 별 내용이 없었지만 그의 태도만은 온유하고 너그러워 보였다. 그는 논쟁의 상대방인 복음주의 신학자를 향해 시종일관 사랑과 존경심을 가지고 대했다. 내가 보기에, 그는 논쟁의 내용 면에서는 상대에게 패했지만, 상대방을 존경하는 그 온유하고 너그러운 태도로 인해 거기 모였던 많은 신학생에게는 오히려 호감을 샀다고 생각한다.

그것은 사역 초기에 내가 깨우쳐야 했던 아주 중요한 교훈이었다. 오류가 없는 정통 교리를 굳게 지키는 것만으로는 충분하지 않다. 우리는 행동거지에서도 그리스도를 닮아야 한다.

섬기는 지도자는 진리를 믿을 뿐만 아니라 그 진리를 삶으로 구현해야 한다! 그는 결코 다투지 않는다.

그리고 디모데후서의 이 본문에서 구체적으로 말하고 있지는 않지만, 섬기는 지도자는 역경을 피해 달아나서도 안 된다. 심리학자들은 사람이 부정적인 상황에 부딪히면 대개 둘 중 하나의 반응을 보인다고 한다. 즉, 상황에 맞서 싸우거나 상황을 피해 도망가거나 둘 중 하나이다. 바울은 우리를 대적하는 사람들과 맞서 싸워서는 안 된다고 권면한다. 하지만 그렇다고 해서 그들을 피해 달아나서도 안 된다. 그보다는 우리를 대적하는 사람들을 온유하게 가르쳐야 한다. 이는 섬기는 지도자들을 위한 얼마나 놀라운 가르침인가! 우리는 다투지 않는다. 우리는 피하지 않는다. 그보다 우리는 하나님께서 그들의 마음에 역사하사 회개하게 하실 것이라는 소망을 가지고 기도하면서 그 대적자들을 온유하게 가르치려고 노력해야 한다. 우리의 목표는 그들이 진리를 이해하고, 그들이 마귀의 올무에서 빠져나오는 것이어야 한다. 이 얼마나 놀라운 전략인가!

이것은 내가 승리하고 다른 사람은 실패하는 그런 차원의 문제가 아니다. 그것은 내가 말하고자 하는 요점이 아니다. 그보다 이것은 우리 모두가 승리하는 것에 관한 문제이다. 우리는 과연 무엇이 다른 사람을 위해 최선인가 하는 것에 초점을 맞추어야 한다. 그들에게 최선이란 진리를 알고 이해하는 것이며, 그다음에는 하나님의 길을 따르는 것이다. 그렇게 할 때 그들은 마귀의 올무에서 빠져나오게 될 것이다. 우리가 그런 종류의 지도력을 행사할 때 거기 관련된 모든 사람이 복을 받을 것이다.

다음으로 내가 제안하는 것은, 우리가 인도하고자 하는 어떤 사람에 대해 화가 나거나 또는 맞서 싸우거나 피하고 싶은 유혹이 들 때에는 하나님의 전략을 시행해 보자는 것이다. 즉, 우리 자신을 낮추고 섬기는 지도자로서 행동하자는 것이다. 그릇된 길을 가려고 하는 사람을 자애롭고 참을성 있고 너그럽게 가르치려고 노력하자. 다시 말해, 하나님의 전략을 사용하자는 것이다. 사랑과 지혜와 너그러움을 가지고 일하자. 하나님의 방법대로 하자!

바울은 또한 모든 사람에게 온유하라고 가르친다(딤후 2:24). 일반적으로 사람들은 온유함과 친절함을 연약함의 표현으로 보는 경향이 있다. 하지만 사실 그것은 큰 힘의 표현이다. 나는 모든 것을 가능하게 하시는 성령의 능력이 없으면 친절함과 온유함을 효과적으로 사용할 수 없다고 확신한다. 누구라도 다툴 수 있고 싸울 수 있고 심지어 도망갈 수 있지만, 성령의 지배 아래 있는 사람은 온유함과 친절함으로 대적들을 대할 수 있다.

덧붙여서, 우리는 화를 내서는 안 된다. 나를 대적하는 사람에게는 악한 감정을 가지기가 쉽다. 별문제가 없다면 우리는 그런 사람을 피하려고 한다. 그것이 '피해 가는' 한 방법임은 물론이다. 그리스도의 종으로서 우리의 전략은 친절함과 온유함으로 진리를 가르치는 것이라고 바울은 말한다. 필자는 소위 그리스도인이라고 하는 사람들이 무례하고 적대적이며 보복적이고 쉽게 정죄하는 모습을 자주 본다. 그것은 그리스도의 정신이 아니다. 섬기는 지도자는 자애롭고 친절하며 온유하다.

그리스도의 정신은 사랑의 정신이다. 섬기는 지도자의 정신도 동일하다. 바울은 이 구절 처음에 우리가 의와 믿음과 사랑과 화평을 추구해야 한다고 말했다(딤후 2:22). 이 모든 것이 섬기는 지도자의 특성이다. 그 특성은 우리의 인도자 예수 그리스도의 성품을 반영한다. 이제 이 장(章)의 주제가 명확해졌다. 우리는 기꺼이 예수 그리스도를 섬긴다. 우리는 자발적인 선택으로 그분의 종이 된다. 그리고 그분께서 하나님 나라의 섬기는 지도자로 우리를 정하실 때 우리는 그분의 사랑과 은혜에 감격하여 그에 응답해야 한다.

공부할 문제

1. 사도 바울은 어떤 지도 원리를 실천했는가?

2. 그 원리들은 우리에게 어떻게 도움이 될 수 있는가?

3. '겸손'은 섬기는 지도자와 어떤 관계가 있는가?

4. 섬기는 지도자는 어떻게 친절과 온유함을 실천해야 하는가?

5. 겸손과 친절과 온유함으로 다른 사람 섬기는지를 어떻게 '측정'하 겠는가?

제11장

섬기는 지도자
마무리하며

섬기는 지도자는 자연적인 것이 아니다.

섬기는 지도자가 되기 위해서는 초자연적인 것,

바로 하나님의 임재와 능력이 요구된다!

섬기는 지도자가 된다는 것은 쉬운 일이 아니다. 그러나 우리 모두는 능력 있는 섬기는 지도자가 되는 법을 배울 수 있다. 이 책은 이런 흥미로운 지도 방식을 포괄적으로 제시할 의도로 쓰인 책이 아니다. 다만 필자는 섬기는 지도자가 도대체 무엇인가에 관한 몇 가지 중요한 원리들과, 어떻게 하면 섬기는 지도자가 될 수 있는가에 관한 기본적인 지침 몇 가지를 제시해 보려고 했다. 이 책이 제시하는 지침을 따른다면 훌륭한 섬기는 지도자의 길을 가게 되리라고 나는 확신한다.

인생의 다른 영적 훈련과 마찬가지로, 이 책의 지침을 충실히 따른다 해도 즉각 변화가 일어나지는 않을 것이다. 그러나 주 예수 그리스도께 자신을 순복하고 성령께서 순간순간 주시는 은혜와 선물을 받아들이면서 그분의 말씀을 통해 섬기는 지도자의 원리를 우리 삶에 적용해 나간다면, 점차적으로 우리는 섬기는 지도자가 될 수 있을 것이다. 이 책이 제시하는 원칙은 성경에 근거한 것이다. 이제 마무리하면서 주요 원칙들을 간단히 요약해서, 능력 있는 섬기는 지도자가 되기 위해 할 수 있는 구체적인 여덟 단계를 제시해 본다.

1. 모든 그리스도인은 섬기는 지도자의 원리를 이해할 필요가 있다.

우리는 모두 예수 그리스도와 다른 사람들의 종으로 부름을 받는다. 우리는 삶의 여러 상황 가운데서 대부분 지도자로 부름을 받게 된다. 그래서 우리는 섬기는 지도자 직분을 실천할 필요가 있는 것이다. 목자장 되신 주님께서 우리 어깨너머로 보고 계신다. 그분은 주님의 길로 사람들을 인도하는 이 중요한 일에 자신의 능력과 사랑으로써 우리를 돕고 격려하기를 원하신다. 그리스도인이 행사하는 모든 리더십은 반드시 섬기는 지도자의 리더십이어야 한다!

2. 섬기는 지도자 직분은 우리 마음가짐에서 비롯된다.

우리는 자신을 아무것도 아닌 자로 여기시고 종의 본질을 지니셨던 예수 그리스도의 마음을 가지고 사람들을 인도해야 한다. 이것은 사실 쉬운 일이 아니다. 우리의 성품이 종의 마음가짐이 되기 위해서는 주 예수 그리스도께 순종해야 한다. 그분의 마음이 바로 우리의 마음이 되어야 한다. 그런 예수님의 성품을 우리의 마음으로 삼게 하기 위해 주께서는 우리로 '광야의 체험'을 겪게 하실 것이다. 모세와 바울을 비롯한 여러 성경의 인물이 그러했고, 심지어 예수님도 그런 체험을 하셨다. 우리가 종으로서 다른 사람을 인도하려면 우리의 마음이 성령의 인격으로 임하시는 예수 그리스도로 충만해야 하고, 그분의 지배를 받아야 한다. 섬기는 지도자는 마음가짐에서부터 시작된다.

3. 섬기는 지도자 직분에는 사랑이 필수다.

사랑은 진정한 그리스도인 양식의 중심이 되며, 섬기는 지도자의 삶에도 핵심이 된다. 이 사랑이 우리의 마음가짐과 더불어 시작되어야 한다. 사랑이 우리가 사람들을 인도하려는 동기여야 한다. 그다음에는 이 사랑이 우리의 지도 스타일과 활동 속에 녹아들어야 한다. 사도 요한이 권면했다시피, "자녀들아 우리가 말과 혀로만 사랑하지 말고 행함과 진실함"(요일 3:18)으로 해야 한다. 예수 그리스도의 이 사랑의 행위에는 희락, 화평, 오래 참음을 포함한 성령의 모든 열매가 수반된다. 그런 매력적인 자질을 갖춘 지도자는 따르기가 어렵지 않다. 그는 자신을 따르는 사람들의 삶을 자애롭게 양육하기 위하여, 지도자에게 따르는 능력을 사용한다. 개인적인 이익이나 성취를 위하여 지도력을 사용하지는 않는다.

4. 성경은 섬기는 지도자의 완벽한 모델을 제시해 준다.

섬기는 지도자는 어떠어떠해야 하고, 또 어떤 일을 어떻게 해야 하는지를 보여주는 몇 가지 핵심적인 성경 구절을 앞에서 제시했다. 하나님은 우리가 무엇을 해야 하는가뿐 아니라 그것을 어떻게 해야 하는가에 관해서도 명쾌한 지침을 주신다. 물론 그분은 우리에게 성령을 주시사 우리로 하여금 그 일을 할 수 있게 하신다. 그리고 하나님께서는 섬기는 지도자란 과연 어떤 것인가를 삶으로 보여주는 역할 모델을 제시해 주셨다. 이 모델들은 비록 완벽하지는 않지만, 진정한 섬기는 지도자 직분을 우리 삶에서 실천하기 위한 길을 제시해 준다. 하나님은 예수 그리스도를 통하여 섬기는 지도자의 완벽한 모델을 보여주셨다. 예수님을 구주로 받아들이고 주님으로 따를 때, 섬기는 지도자의 직분을 완벽하게 실천할 수 있을 것이다. 그분은 자신이 사신 것처럼 살라고, 자신이 남을 섬긴 것처럼 섬기라고, 자신이 우리를 인도하신 것처럼 남을 인도하라고, 섬기는 지도자로서 그렇게 하라고 우리를 부르신다.

5. 선한 목자의 역할은 섬기는 지도자가 된다는 것이 무슨 의미인지 이해하는 데 도움을 준다.

예수님은 섬기는 지도자의 자질과 행동을 이해하는 데 도움을 주기 위해 선한 목자의 예를 드셨다. 선한 목자 비유는 구약과 신약 모두에서 광범위하게 사용된다. 선한 목자의 주요 역할 세 가지는 ⑴ 선한 목자는 자기 양 떼를 안다, ⑵ 선한 목자는 양들을 위해 기꺼이 자기 목숨을 바친다, ⑶ 선한 목자는 양 떼를 바로 인도한다는 것이다. 마찬가지로, 섬기는 지도자는 자신의 보호 아래 맡겨진 사람들을 알아야 하고, 자기가 인도하는 사람들을 위해 기꺼이 위험을 무릅쓰고 불편을 감수해야 하며(말 그대로 목숨을 바쳐야 하며), 그들을 하나님께서 원하시는 방향으로 바르게 인도해야 한다(즉, 하나님의 뜻을 향하게 해야 한다).

6. 섬기는 지도자는 종된 추종자가 되는 방법을 알아야 한다.

전적으로 종된 지도자의 역할만 하는 사람은 없다. 우리는 모두 종된 추종자의 역할을 하기도 한다. 주께서는 우리에게 순종할 것을 말씀하셨다. 사실, 순종은 그리스도인 제자도의 핵심이다. 능동적인 순종, 그것이 바로 믿음이다. 하나님은 주님께서 우리에게 맡기신 지도자에게 순종하기를 원하신다. 성경은 우리가 지도자들의 권위에 순복해야 한다고 선언한다. 그 지도자가 설령 왕이나 관리라 할지라도 말이다. 우리는 우리를 인도하는 일이 그들에게 기쁨이 될 수 있게 해야 한다.

그렇게 하는 것이 우리에게 유익하다. 섬기는 지도자의 역할을 잘하려면 먼저 종된 추종자의 역할을 잘해야 한다.

7. 섬기는 지도자는 하나님 앞에 결산을 한다.

종된 지도자가 된다는 것은 특권일 뿐만 아니라 거룩한 책임이기도 하다. 야고보는 말하기를, 지도자는 단순히 지도자를 따르기만 한 자들에 비해 하나님께 더 엄격하게 심판받으리라고 주장한다(약 3:1). 베드로는 목자장이신 예수 그리스도께서 언젠가는 우리의 행적을 적은 책을 보시고 그에 따라 우리에게 상벌을 내리실 것이라고 경고한다. 하나님의 나라에는 책임이 따르지 않는 종된 지도자의 직분 같은 것은 없다. 따라서 우리는 온 마음과 생각과 힘을 다하여 주님을 따르는 데 힘써야 한다. 우리는 예수 그리스도를 주님으로 따를 때야 비로소 다른 사람들을 청하여 함께 그리스도를 따르자고 권할 수 있다.

8. 섬기는 지도자는 선택에 의해 지도자가 된다.

섬기는 지도자는 단순히 법적인 책임이나 종교적 의무만을 이행하는 그런 지도자의 자질을 훨씬 초월한다. 하나님께서는 우리가 기꺼이 그리고 열심히 다른 사람을 인도하기를 원하신다. 섬기는 지도자의 가장 고귀한 소명은 하나님을 섬기고, 다음으로 자신의 보호 아래 맡겨진 사람들을 섬기는 것이다. 섬기는 지도자들은 교만함이 동기가 되어 행동하려는 유혹을 받는다. 그러나 하나님께서는 우리가 예수님처럼 겸손해지도록 도우시며, 친절과 온유로 다른 사람을 인도할 수 있도록 도우신다.

마지막 도전

자녀를 키우는 부모이든, 목사이든, 주일학교 교사이든, 또는 스포츠팀의 코치이든, 혹은 성경 공부반의 지도자이든 누구나 섬기는 지도자일 수 있다. 우리가 맡은 지도자의 역할이 어떠하든, 주님께서는 섬기는 지도자이기를 원하신다.

우리 인간은 본능상 다른 사람을 비판하려는 유혹을 갖게 된다. 그래서 이 책의 내용을 근거로 점검 목록을 만들어 주변에 있는 지도자들의 단점을 끄집어내는 데 사용하게 될 수도 있을 것이다. 그러나 우리의 부모도 그 점검표를 충족시키지 못할 것이며, 목사님이나, 고용주, 그 외 우리 주변에서 중요한 위치에 있는 다른 수많은 지도자도 그 점검 목록을 모두 만족시키지는 못할 것이다. 그 테스트에 통과하느냐 못하느냐가

요점은 아니다. 그것이 이 책의 목적은 아니기 때문이다. 오히려 우리는 우리의 삶과 리더십의 스타일을, 섬기는 지도자의 지도 원리와 비교해 보는 데 그 점검 목록을 이용해야 한다.

그렇게 할 때 우리는 자신을 정죄하거나 판단하는 것을 목적으로 삼아서는 안 된다. 그 반대로, 이 책의 목적은 우리로 하여금 능력 있는 섬기는 지도자가 되도록 격려해 주고 그것을 향해 구체적인 발걸음을 내디딜 수 있게 하려는 것이다. 해리 글래스턴이나 존 스틸맨, 매리 앨버네즈 같은 사람들은 섬기는 지도자가 되는 방법을 배우는 우리 같은 사람들의 실례가 된다. 우리도 할 수 있는 것이다!

우리는 홀로 외롭게 이 가치 있는 일을 하는 것이 아니라는 사실로 힘을 얻을 필요가 있다. 다른 그리스도인 형제와 자매들도 우리와 함께 배우고 성장하고 있다. 예를 들어, 우리가 출석하는 교회 안에서 그렇게 능력 있는 섬기는 지도자가 되기 위하여 함께 모여 애쓰고 있는 모임이 없는지 찾아보기를 권한다. 목사님과 더불이 그런 모임을 시작해 볼 수도 있다. 목사님으로 하여금 이 책을 비롯하여 섬기는 지도자 직분과 관련된 여러 성경 본문을 연구하는 팀을 이끌게 하라. 그렇게 할 때, 이 책의 점검 목록을 이용하여 섬기는 지도자 직분을 향하여 한 걸음씩 나아갈 때 도움을 받으라.

무엇보다도 우리는 이 중요한 모험에서 주님께서 우리 도우시기를 원하신다는 사실을 알아야 한다. 그분은 우리를 홀로 내버려두시지 않는다. 우리가 예수 그리스도를 주님으로 따를 때, 그리고 성령께서 우리 삶을 주장하사 우리의 힘과 지혜로는 할 수 없는 일들을 하게 하실 때 그분께서 우리에게 힘을 주시고 격려해 주시기를 원하신다. 기억하라. 섬기는 지도자가 되는 것은 자연스럽게 이뤄지는 일이 아니라는 것을. 여기에는 초자연적인 무엇인가가 필요하다. 바로 하나님의 임재와 능력이다!

우리도 누구나 섬기는 지도자가 될 수 있다!!

공부할 문제

1. 섬기는 지도자의 원리를 실천할 때 우리에게는 어떤 변화가 일어 나겠는가?

2. 능력 있는 섬기는 지도자가 되기 위하여 우리가 할 수 있는 여덟 가 지 구체적인 단계는 무엇인가?

3. 나는 몇 번째 단계를 밟고 있는 중인가?

4. 우리가 보기에 몇 번째 단계가 가장 힘들 것으로 생각되는가?

5. 예수 그리스도는 섬기는 지도자가 됨에 있어서 어떻게 우리에게 가장 중요한 열쇠가 되는가?

미주

1. 로버트 그린리프(Robert Greenleef), 《섬기는 지도자(*Servant Leadership*)》(New York: Paulist Press, 1977), 7.

2. 〈월드 크리스천〉(WORLD CHRISTIAN)지(誌) 편집인인 고든 애쉴리먼(Gordon Aeschliman)이 씀.

3. 러스 라이드(Russ Reid), "무엇이 그리스도인 지도자들을 파멸시키는가?" 〈이터니티 매거진〉(Eternity Magazine), 1981년 8월호.

4. 밥 탐즈(Bob Toms), ESEC 채플 예배시에서 발췌.

5. 로버트 미첼(Robert Mitchell), 1982년 8월자 편지에서 발췌.

6. 로버트 소시(Robert Saucy), '섬기는 지도자'에 관한 한 강의에서 발췌.

7. 로버트 그린리프, 《섬기는 지도자》(New York: Paulist Press, 1977), 13-14.

8. 클라이드 라이드(Clyde Reid), 〈목회 심리학〉(Pestoral Psychology), Vol. 19, No. 183, 1968년 4월.

9. 페이루 리위(Pai-Lu Liu) 한 편지에서 발췌.

10. 한스 큉(Hans Küng), 《교회(The Church)》(New York: Sheed and Ward, 1967), 401.

11. 리차드 포스터(Richard Foster), 《훈육예찬(*Celebration of Discipline*)》(Harper and Row, 1978), 115-116.

참고문헌

1. 제럼 바스(Jerram Bars). 《목자와 양 떼: 인도하고 따른 것에 관한 성경의 관점》(*Shepherds and Sheep: A Biblical view of Leading and Following*). Illinois: Inter Varsity Press, 1983.

2. 에드워드 데이튼, 앵스트롬(Edward R. Dayton and Ted Engstrom). 《지도자를 위한 전략》(*Strategy/ for Leadership*). New Jersey: Fleming Revell company, 1979.

3. 게일 어윈(Gayle D. Erwin). 《예수 스타일》(*The Jesus Style*). Waco, Texas: Word Books, 1986.

4. 리처드 포스터(Richard J. Foster). 《훈육예찬: 영적 성숙에 이르는 길》(*The Celebration of Discipline: The Path to Spiritual Growth*). San Francisco: Harper and Row, 1978.

5. 로버트 그린리프(Robert Greenleef). 《섬기는 지도자》(*Servant Leadership*). New York: Paulist Press, 1977.

6. 프레드 스미스(Fred Smith). 《인도하는 법을 배움》(*Learning to Lead*). Waco, Texas: Word Books, 1986.

7. 찰스 스윈돌(Charles R. Swindoll). 《더 잘 섬기기 위한 방법》(*Improving Your Serve*). Waco, Texas: Word Books, 1981.

8. 찰스 스윈돌. 《리더십》(*Leadership*). Waco, Texas: Word

Books, 1985.

9. 르로이 에임스(LeRoy Eims). 《하나님께서 의도한 지도자가 되라》(*Be the Leader You Were Meant to Be*). Illinois: SP Publications, Inc. 1975.

섬기는 지도자

발행일 1992년 11월 5일 초판 1쇄 발행
발행일 2025년 12월 22일 초판 2쇄 발행

지 은 이 폴 시다
옮 긴 이 김성웅
발 행 처 선교횃불
등 록 일 1999년 9월 21일 제54호
등록주소 서울시 송파구 백제고분로27길12 (삼전동)
전   화 (02)2203-2739
팩   스 (02)6455-2798
이 메 일 ccm2you@gmail.com
홈페이지 www.ccm2u.com